フィンランド
ポーランド
ベラルーシ
ロシア連邦
ウクライナ
カザフスタン
モンゴル
トルコ
イラク
イラン
北朝鮮
韓国
日本
中国
台湾
ケニア
インドネシア
オーストラリア
南アフリカ
【共同体家族】
外婚制共同体家族
内婚制共同体家族
非対称型共同体家族
【直系家族】
権威主義家族
【平等主義核家族】
平等主義核家族
【絶対核家族】
絶対核家族
【その他】
アノミー家族
アフリカ・システム

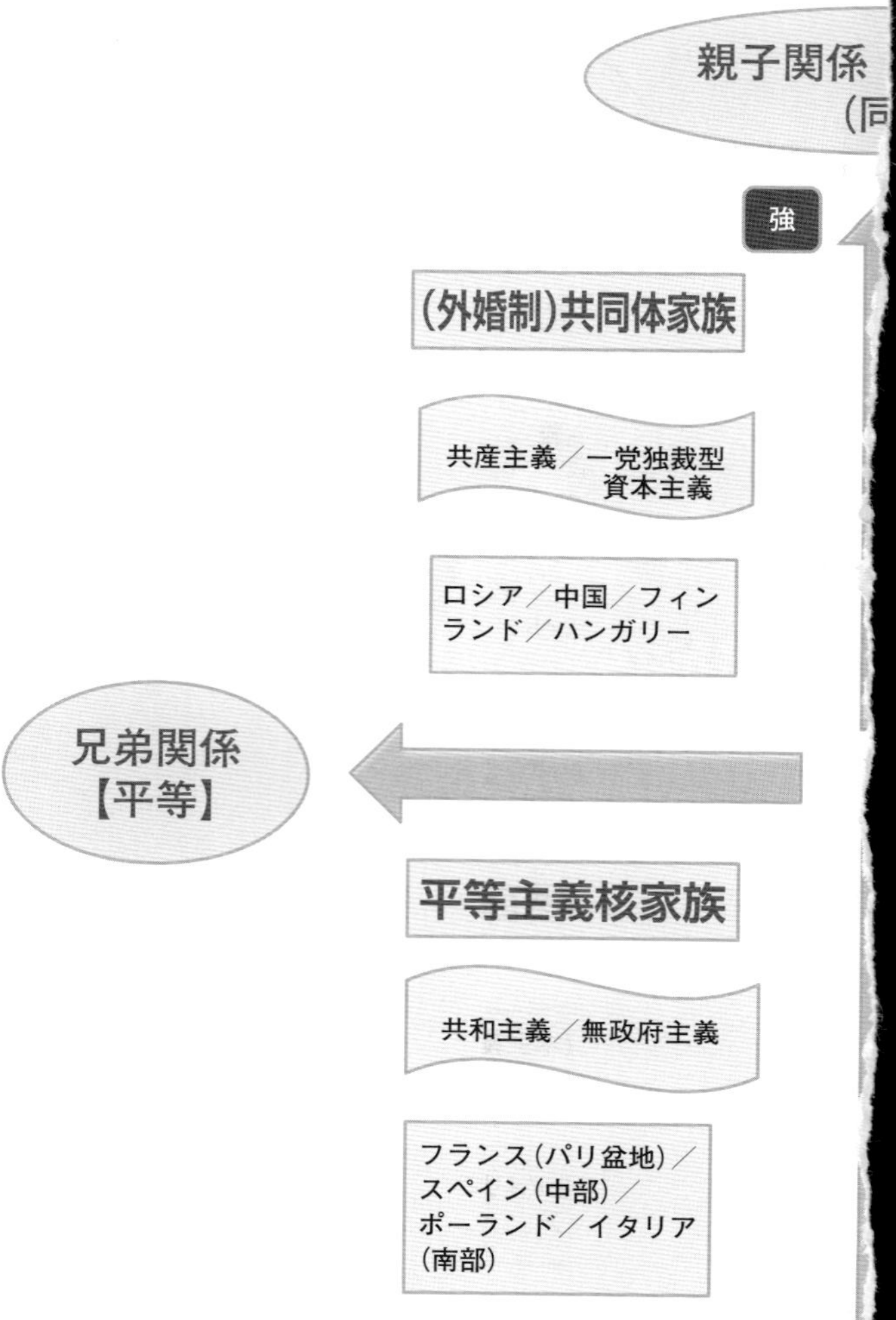

「4つの家族類型」

縦軸は、家族における父親の「権威」が強いかどうか、横軸は兄弟関係が「平等」か「不平等」で、家族を大きく4つのタイプに分類。イデオロギーと家族関係の在り方が一致するとトッドはみている。

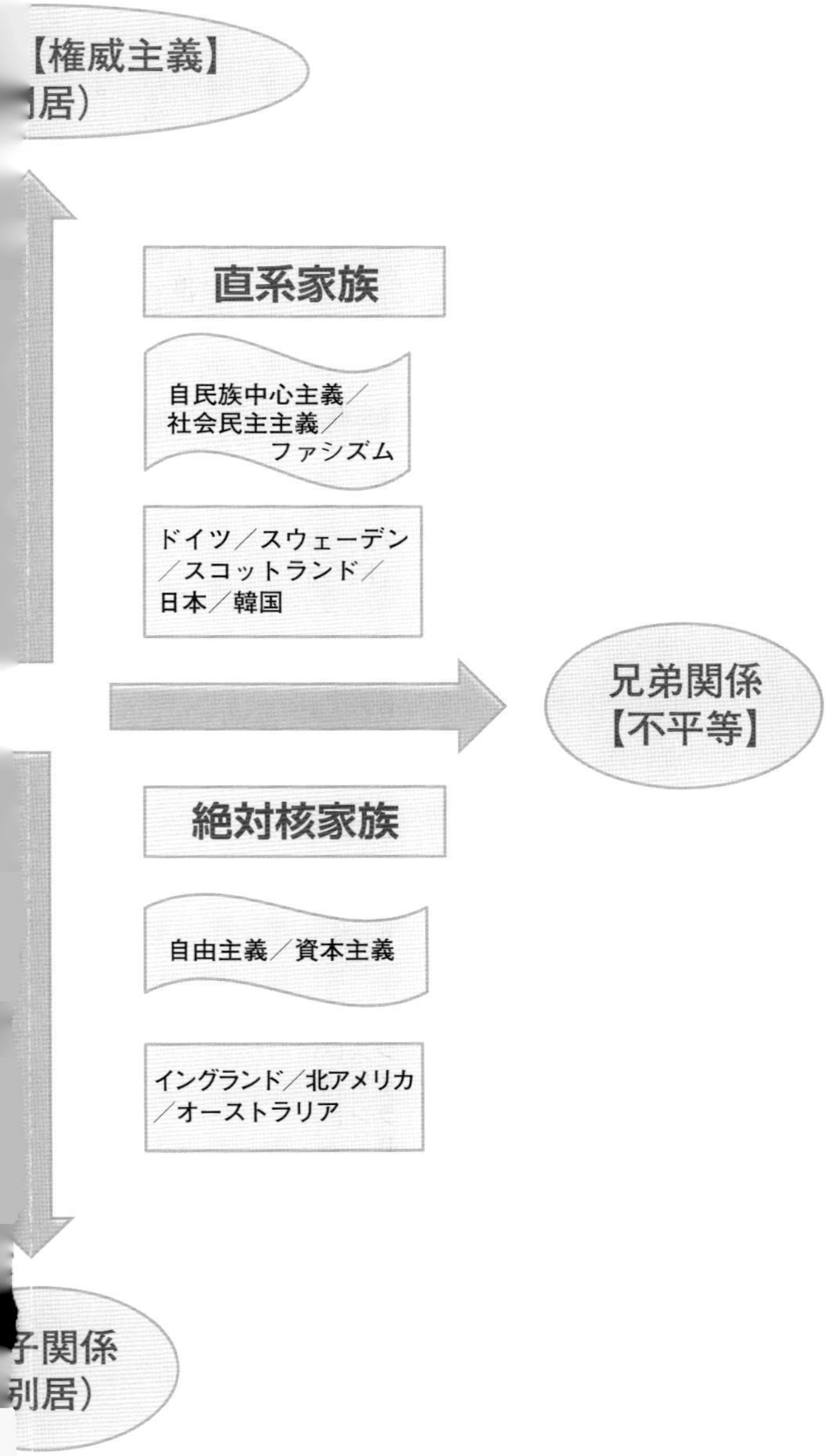

【権威主義】
居）
直系家族
自民族中心主義／
社会民主主義／
ファシズム
ドイツ／スウェーデン
／スコットランド／
日本／韓国
兄弟関係
【不平等】
絶対核家族
自由主義／資本主義
イングランド／北アメリカ
／オーストラリア
子関係
別居）

トッドの4つの家族類型 世界地図

※『世界の多様性』(エマニュエル・トッド著/藤原書店/2008年刊)の地図をもとに、2017年現在の世界地図に、トッドの4つの家族類型を中心に分類。

エマニュエル・トッドで読み解く　世界史の深層

鹿島　茂
Kashima Shigeru

ベスト新書
543

目次

序章　人類史のルール

第一章　トッドに未来予測を可能にする家族システムという概念

第二章　国家の行く末を決める「識字率」

第三章　世界史の謎

第四章　日本史の謎

第五章　二一世紀　世界と日本の深層

第六章　これからの時代を生き抜く方法

序章

人類史のルール

エマニュエル・トッドとは何者か

エマニュエル・トッドという名前が近年ジャーナリズムをにぎわせて、新書のいくつかがベストセラーに名を連ねています。

昨年のアメリカ大統領選前後、今年一月のトランプ新大統領就任に際しても、大統領選直前まで大方の識者がヒラリーと予測するなかで、「トランプ当選」を予見していた数少ないうちの一人がトッドでした。

これ以前にも、彼は、

・ソ連の崩壊
・アメリカの金融危機（リーマン・ショック）
・アラブの春
・イギリスのＥＵ離脱

などを、予言して、ことごとく当てていたように見えます。

しかし、トッドにしてみれば、二一世紀の予言者などと呼ばれても、ありがた迷惑なだけでしょう。

なぜかといえば、別に予言者を気取っているわけではなく、専門としている家族人類学と人口動態学から割り出した数値にもとづいて、蓋然的な予想を述べているにすぎないからです。

■予言者誕生

ところが、目先の派手さにしか興味のないジャーナリストたちがトッドの著作もまったく読まずに（というよりも専門性が高いので読めずに）、結論だけを聞きたがるので、結果として、「予言者誕生」ということにあいなったのです。

トッドにインタビューした記事をまとめてつくられた新書というものをいくつか読んでみましたが、ひどいのになると、トッドの本など一冊も読んだことがない人がインタビューしていることが歴然としているものさえあります。トッドの著作を少しでも紐解いていれば、こんなことは聞かないはずだとわかる愚かな問いを連発しているからです。

トッドはそうした愚問にも誠実に答えているようですが、しかし、バッド・クエスチョンはいくら数を放ってもグッド・アンサーを引き出さないのが定理ですから、トッドにすればかなり迷惑なジャーナリズム人気だと思います。

私は、このジャーナリズムに特徴的な「結論だけでいい。過程はいらない」という姿勢がどうにも我慢できなくなったので、「トッドの言ってることはそうじゃないぞ」と抗議のためにペンを取りたくなりました。

では、トッドが言っていることとはなんなのでしょう？

■数字にすべてを語らせよう

それは、数字がすべてだから、数字に語らせようよ、ということです。いかにも人口統計から出発した学者らしい態度です。データを調べ上げ、読み込み、試行錯誤しながら、緻密に分析し、仮説を立てて論証し、その後もさらに再検証を重ねていくというルールから逸脱しない誠実な「家族人類学者」なのです。

その意見や論評、さらにいえば「予言」に見えるようなものすべてに確たる論拠があります。データの裏づけがあります。原則的には、誰もがアクセス可能な数値にもとづいています。理科系の学問のように、ほかの人が同じデータから出発してその人なりの研究を進めていくことができるものです。

ただし、そうしたデータの読み込み方、比較のしかた、変数の導入のしかた、チャート化・グラフ化する際のアイデア、術語の選択などは彼一流のものであり、その過程で「発見」をつかむセンスは、天才的と言ってもよいでしょう。

ところで、いま「家族人類学」という言葉を使いましたが、日本では耳慣れない言葉なので、とりあえず、こうした言葉の定義から入りたいと思いますが、それには、トッドという学者の成り立ちから説明するのがよいかと思います。

エマニュエル・トッドは一九五一年にフランスのサンジェルマン・アン・レーに生まれました。父親のオリヴィエ・トッドがイギリス出身のジャーナリスト、母親は作家のポール・ニザンとアンリエットの娘というフランス・インテリ階級の出身です。『アデン・アラビア』で有名なポール・ニザンは、サルトルとアンリ四世校およびエコール・ノルマルで同級生。若くして共産党に入党し、共産党系のジャーナリストとして活躍しますが、独ソ不可侵条約に絶望して共産党を離れ、第二次大戦で戦死しています。これはトッド自身の経歴と似たところがありますが、トッドがこの母方の祖父について言及することはあまりありません。

トッドにとって、英仏双方の血を引き、二つの文化的背景を持つことは他のフランス人学者にはない強みになっています。父親の友人だったアナール派の大立者ル・ロワ＝ラデュリの勧めで、イギリスのケンブリッジ大学へ留学します。

その頃、ケンブリッジ大学では、ジョン・ロックの研究者だったピーター・ラスレットが同僚のトニー・リグリー、それにちょっと位置がずれますがアラン・マクファーレンなどとともに立ち上げた家族人類学研究の集団「ケンブリッジ・グループ」が画期的な成果をあげています。それに注目したル・ロワ＝ラデュリが英語を解するトッドに留学を勧めたのでしょう。

これが結果的に、トッドの学問形成に大きな影響を与えます。「英仏の違い」に関して敏感になったことが、のちに独創的な学問体系を生み出す動因となったからです。それまで、同じ核家族としてひとくくりにされていたイングランドの核家族とフランスの核家族が、あるパラメータ（媒介変数）の導入で、別ジャンルに属することが判明するなどの成果はこの留学のたまものといえます。

トッドはケンブリッジでピーター・ラスレットに付いてイングランドの家族形態ばかりか、ヨーロッパのそれについても調査していきます。

■人類の起源は大家族、それとも核家族？

ケンブリッジ・グループの貢献は次のとおりです。すなわち、モーガンやバッハオーフェンの古代社会研究によると、人類は大家族を起源として、文明が発達するにつれて核家族になったということですが、これに疑問を抱いたケンブリッジ・グループがジョン・ロックの時代の家族類型を調べてみると、大家族はほとんどなく、核家族が大部分だということがわかりました。記録のある限り、十二世紀まで溯っても、結果は同じことでした。そこで、ケンブリッジ・グループは、大家族は存在しなかった。核家族が最初の形態であり、それが現代まで変わっていないのだと結論づけたのです。

ところが、トッドがよく調べてみると、ケンブリッジ・グループの結論とは違うことがわかってきました。つまり、ヨーロッパには、ドイツやロシアなどに、家族が複数結合した「複合家族」ないしは「拡大家族」が過去において存在していたことは動かしがたい事実です。

そこで、トッドは恩師のラスレットと袂を分かつかたちで博士論文を書き上げ、休暇にハンガリーに出掛けたのです。当時トッドは、共産党員だったことのあるル・ロワ＝ラデュリなどの影響か、高校時代には共産党に所属していたこともあり、共産圏への憧れがあったのかもしれません。ところが、ハンガリーでスターリニズムの弊害を目の当たりにして共産主義の幻影から覚めます。そして、すでに自家薬籠中のものとしていた人口動態学を駆使して、共産圏から上がってくる様々な数字の分析を行ないます。その結果、ソ連では、文明化の過程に入ったら当然下がらなければならない乳児死亡率が上昇しているという事実を発見し、ソ連の崩壊を予言しています。これが二五歳の時に書いた『最後の転落』（一九七六年）です。実際のソ連崩壊は一九九一年ですから、かなりの先見の明です。

しかし、それは、またトッドにとっては余技のようなもので、八〇年代に入ると、博士論文を執筆する過程で得た情報を総合して、『第三惑星』（一九八三年）と『世界の幼少期』（一九八四年）という重要な著作を立て続けに発表します。この二作のなかに、現在にまで至るトッド理論の骨格はすべて明示されています。

その後も、トッドは注目すべき著作を連打し、アメリカを論じた『帝国以後』（二〇〇二年）は各国でベストセラーとなりました。最新作『家族システムの起源Ⅰ　ユーラシア（上・下）』（二〇一六年）は、アップデイトをほどこされたトッド理論の集大成ともいうべき大部の二冊です。

トッド理論のあらましを知る
～四つの家族類型とイデオロギー～

トッド理論の基礎となるのは、「家族システム」ないしは「家族類型」という考え方ですが、いきなり、こうした分類法にたどり着いたわけではなく、出発点にはケンブリッジ・グループのそれと同じくらいに大きな一つの疑問がありました。

それは人口学のイロハとなっている大きな問題と関係しています。

人口学にとって最も初歩的かつ最も解くのに困難な疑問は、人類はなにゆえに多産多死型社会（伝統的社会ないしは前工業化社会）から少産少子型社会（近代的社会ないしは工業化社会）へと移行したのかというものです。

人類は長い間、正確にいうと一八世紀の半ばまで、たくさん子どもを産み、その子どもがたくさん死ぬという再生産パターンを踏襲していたのです。これは医療が不完全でしかも栄養状態が悪ければ乳児死亡率が高いので、スペアとしてたくさん子どもを産んでおかなければならないという、現在でもアフリカの発展途上国に見られるタイプです。

■人口の急激な増加が起きた理由

ところが、人類は一八世紀のある時期に、このパターンを脱却して、少なく産んだ子どもを死なないように育てるという少産少死型社会へと移行を開始したのです。

しかし、さらに詳しくみると、少産少死といっても、この二つの現象が始まるには時期的なずれがあるのです。

最初に始まるのは少死化です。すなわち、乳児死亡率が下がって、人が若くして死ななくなるのです。これはさまざまな要因から説明可能です。つまり種痘などのワクチンの発明と栄養状態の向上です。人口動態学では、この少死化の始まりのことを死亡力転換と呼びます。反対に出生率が低下することを出生力転換と呼びます。

ところが、死亡力転換が起こっても、出生率の方は高止まりしたままなのです。死亡力転換が出生率の低下を正比例的に導いて、出生力転換が起きることはないのです。その結果、どういうことが起きるかというと人口の急激な増加です。

世界は全体として見ると、いまでもまだこの状態にあります。ワクチンの普及や栄養状態の向上で死ぬ人が減っているのに、産まれてくる子どもは多いままなのです。

では、ユニセフがアフリカでやっているように避妊知識の普及や避妊器具の無償配付などを行なえば、出生力転換が起きるのかといえば、そんなことはありません。こうし

図1「人口転換の模式図」

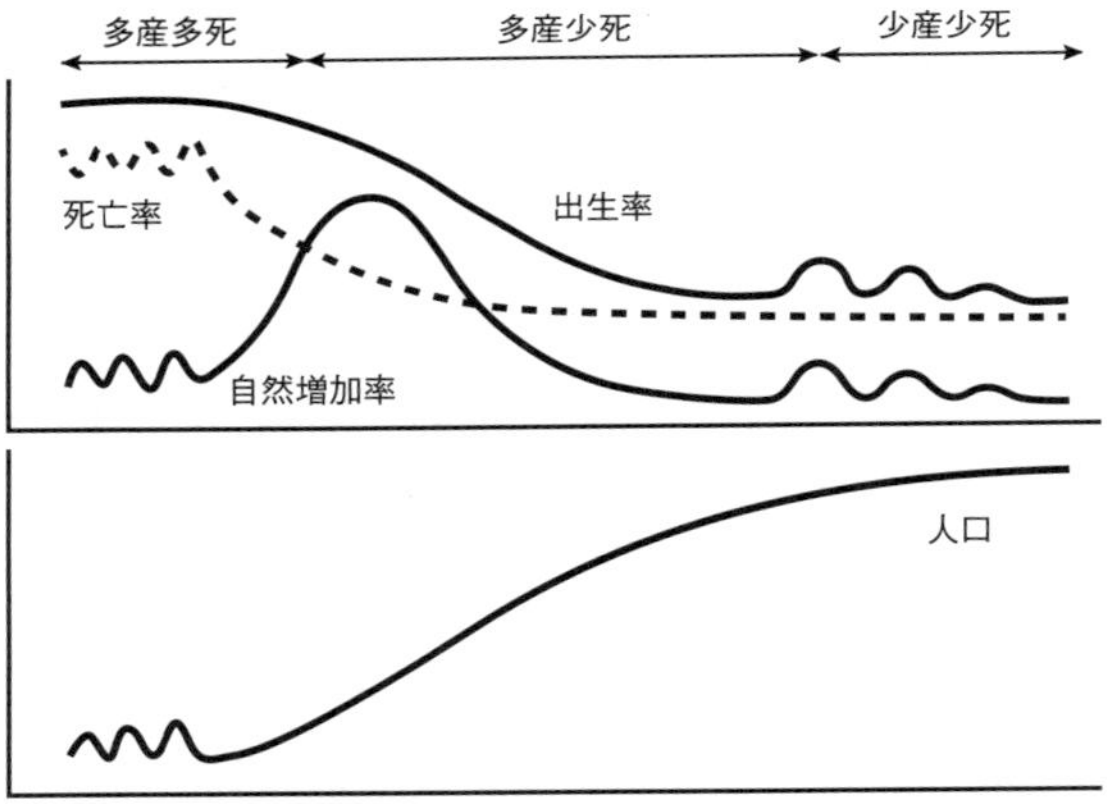

上図は、多産多死社会や小産少死社会において、出生率や死亡率、人口などがどのように関係しているかを説明したもの。産業革命が始まり近代化社会になると、出生率と死亡率はともに低下。そして、低い出生率と低い死亡率が均衡する状態に落ち着いて、人口は静止することになる。「人口転換」で特徴的なことは、死亡率低下が、出生率低下に先行する。そして人口転換の動因は死亡率の低下だという。『世界の人口開発問題』阿藤誠・佐藤龍三郎編著（原書房）より。

た努力は少子化にほとんどつながらないのです。

しからば、死亡力転換が起こっても、出生力転換が起きることはないのかというと、これは先進国を見ればわかるように、歴史のある時期において、確実に起こったのです。

いいかえると、死亡力転換が起こってからかなりの時間をおいた「ある時期」に出生力転換が起きると、出生率はそのまま下がり続けます。日本のように、下がり続けて止まらない国もあり、よほど人為的な政策をとらない限り、再び上向くことはほとんどないのです。

要約すると、死亡力転換からしばらくすると出生力転換は確実に起きる。しかし、それがいつ起きるかについては一概には言えないのです。

なぜかというと、出生力転換が起きるのは、個人個人の意識の結果の総和としてではなく、あくまで集団的な無意識の結果だからです。

トッドが人口学者として問題にしていたのはこの点です。

多くの学者は、出生力転換が起きるのは「経済」の問題だと捉えました。なかでも、国民一人あたりの年収が一定の基準を超えると、「テイク・オフ」(離陸。アメリカの経済学者ロストウの用語、文明世界への仲間入りというニュアンス)が起こるという理論は有名です。またマルクス主義も、下部構造としての経済が、上部構造としての思想を変えると考えますから、同じく唯経済主義です。

ところが、トッドは統計が残っているあらゆる資料を精査して、その結果を地図上にドットで示すというマッピングの作業を繰り返すことで、この唯経済主義に真っ向から反論を加えたのです。

■出生力転換をもたらす最大の要因は「識字率」

トッドの導き出した結論をひとことで言うと、出生力転換をもたらす最大要因、それは経済ではなく、識字率、とりわけ女性の識字率である、ということになります。

女性の識字率が一定の水準を超えると、その共同体は出産調節を開始し、必然的に出生力転換が起こり、それがテイク・オフを導くのだと考えたのです。

しかし、不思議なことに、女性識字率は、たとえ隣同士の国や地域であっても、かなりのバラつきがあります。また、非常に離れた地域であっても、女性識字率が同じように高い共同体も存在するのです。


どうしてなのでしょうか？

トッドの独創は、この人口学における大問題と、ケンブリッジ・グループで学んだ家族人類学を接続させた点にあります。

つまり、出生力転換に時期のずれが生じるのは、家族システム（類型）が単一ではなく、さまざまにヴァリエーションがあり、そのヴァリエーションによって女性識字率が異なっているからだとしたのです。いい換えれば、女性識字率が高く出る家族システムもあれば、反対に女性識字率が低く出る家族システムもあり、その出発点における小さな差がゴールにおける大きな差となって現れると考えたのです。

というわけで、ようやく家族システム（類型）の話になりました。

図2「4つの家族類型」

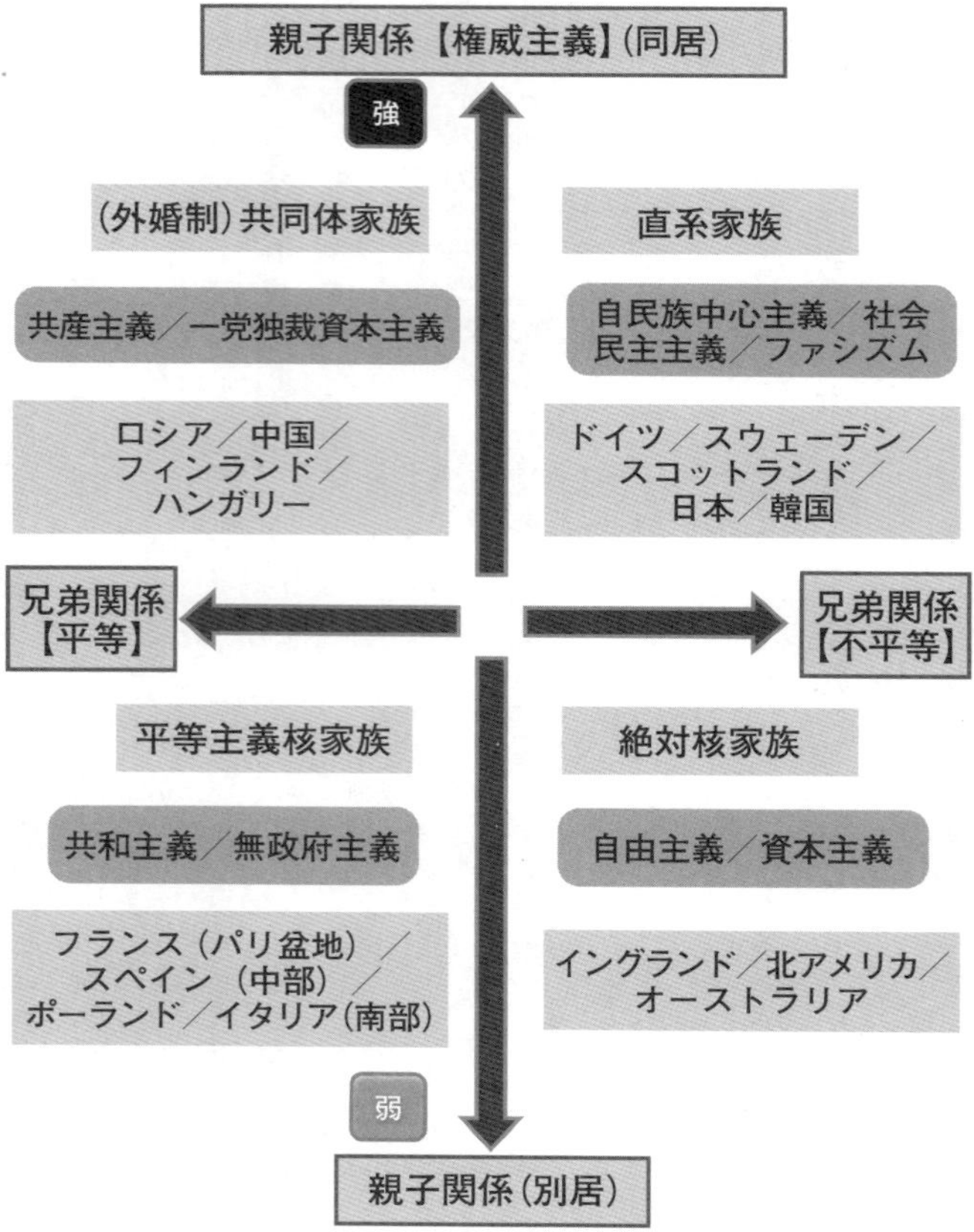

縦軸は、家族における父親の「権威」が強いかどうか、横軸は兄弟関係が「平等」か「不平等」で、家族を大きく４つのタイプに分類。イデオロギーと家族関係の在り方が一致するとトッドは見ている。

■遺産相続が示す兄弟間の平等・不平等

またもや、結論から先にいうと、トッドの家族人類学理論の勘どころは、従来、家族の分類としては核家族と大家族（夫婦が二組以上同居する複合家族・拡大家族）という区別ポイント（変数）しかなかったところに、遺産相続をめぐる兄弟関係という問題に注目して、兄弟の平等・不平等というパラメータ（媒介変数）を配した点です。

その結果、似ているように見えて決定的にちがう家族システムが現れてきたのです。トッドは、その類似点と相違点を綿密に識別し、四つの類型（P22図2＝口絵と同じ）に整理しました。

その際に、トッドが着目したのは、

・親子関係が「権威主義的」か「非権威主義的」か（＝「子どもが結婚後にも同居する」のか「結婚後は別居するのか」）という変数に、

・（子である）兄弟関係が遺産相続において「平等」か「不平等」か

という媒介変数を加えて、この二つの変数をX軸Y軸に配すると、一見似たものどうしに見える家族のちがいが、すっきりと四つに分類されることです。

■家族類型とイデオロギーには相関関係がある！

また、この四類型の分布世界地図と、イデオロギー分布地図とを重ね合わせることで、「家族類型とイデオロギーは相関関係がある」ということを発見したのもトッドの功績です。左の世界地図（口絵と同じ）はそれを示したものです。

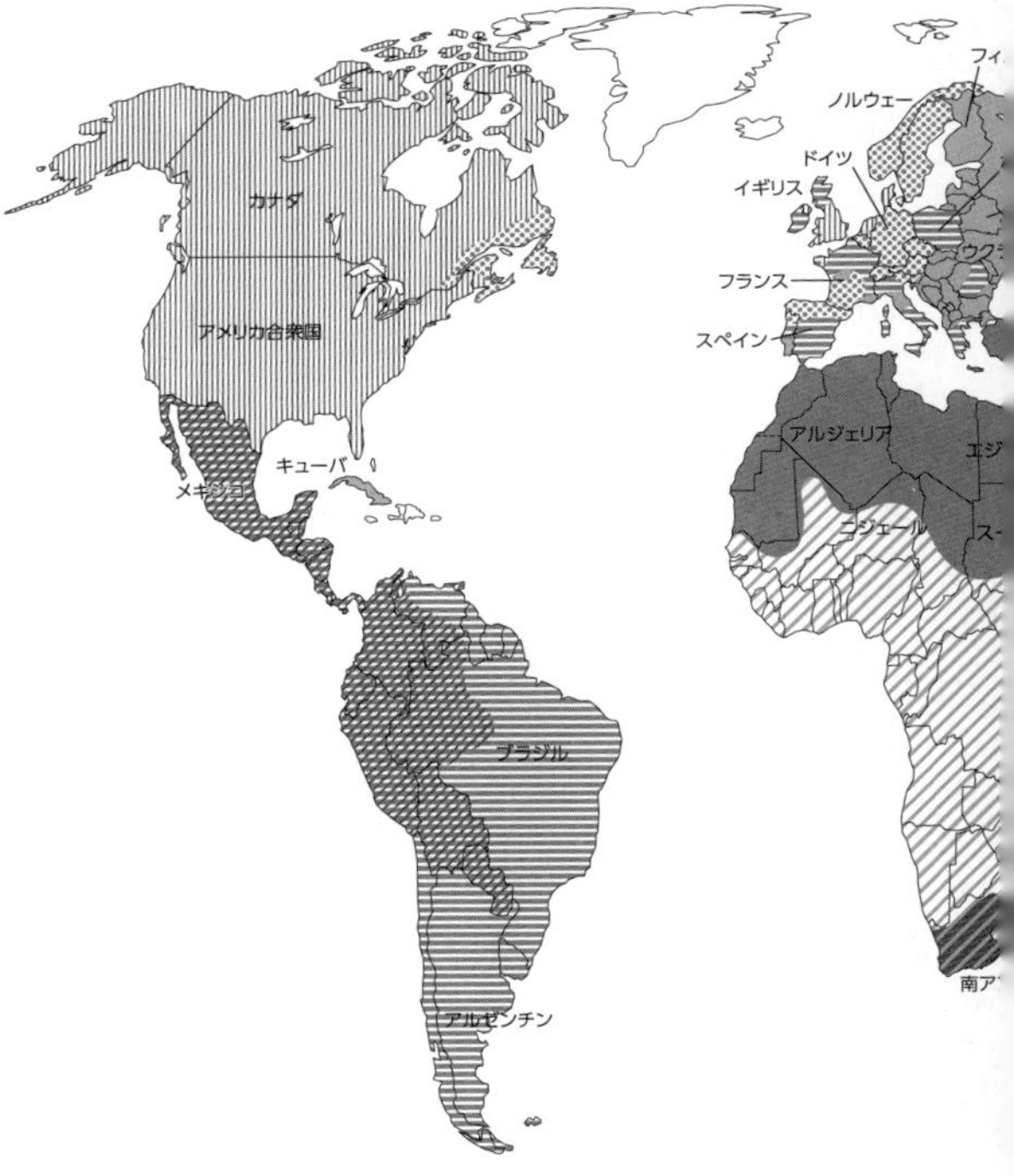

図3 「トッドの4つの家族類型 世界地図」

※『世界と多様性』(エマニュエル・トッド著／藤原書店／2008年刊)の地図をもとに、2017年現在の世界地図に、トッドの4つの家族類型を中心に分類。

ただし、発表当時は、この結び付けが強引だとして非難を浴びたようですし、いまでも、この分類は根拠がないと主張する人もいます（たいていはトッドの著作を一行も読まずに受け売りで言っているに過ぎないのですが）。

この四類型は、これに外婚制／内婚制、および、イトコ婚の禁止／許可というパラメータが加わることでもう少し複雑になり、『第三惑星』では八分類（絶対核家族、平等主義核家族、直系家族、外婚制共同体家族、内婚制共同体家族、非対称的共同体家族、アノミー家族、アフリカ・システム）、『世界の幼少期』ではアフリカ・システムが減って七分類、また、最新の著作『家族システムの起源』では一五分類（左ページの図4参照）なのですが、本書では基本的に、ヨーロッパおよび東アジアだけを問題として、四類型で話を進めていきます。テイク・オフが終わった主要な国／地域については、この四類型で、ほぼカバーすることができるからです。四類型それぞれの特徴を簡単に述べておきます。

(1) 絶対核家族［イングランド・アメリカ型］

結婚した男子は親とは同居せず、かならず別居して別の核家族を構成します。そのため、親の権威は永続的ではなく、親子関係も権威主義的ではありません。結婚しなくと

図4「15の家族類型」

共同体家族	双処居住
	父方居住
	母方居住
直系家族	双処居住
	父方居住
	母方居住
統合核家族	双処居住
	父方居住
	母方居住
一時的同居を伴う核家族	双処居住
	父方居住
	母方居住
純粋核家族	平等主義
	絶対
追加的な一時同居を伴う直系家族	

最新刊『家族システムの起源』（藤原書店）で、トッドは上図のような15の家族類型を示している。

も、生計が成り立ち次第、子どもは独立する傾向にあります。親はあまりこれに干渉しません。親の財産は、兄弟のなかの誰か一人に相続されますが、それが誰かははっきりとは決められていません（遺言に一応依拠）。兄弟間に平等意識はなく、相続をめぐってしばしば争いが起こります。この不平等が前提となった競争意識がのちに資本主義を生むと説明されます。子どもの早期の独立が奨励されますから、教育には不熱心で、識字率も高くはありません。

ただし、家庭内の女性の地位は比較的高く、したがって女性識字率も比較的に高く出ます。トッドはこの理由について、兄弟間の不平等が兄妹あるいは姉弟の平等を生むとしていますが、これについては後述します。いずれにしろ覚えておくべきは、この類型においては女性識字率は比較的高く、よって出産調整の開始も比較的早いということです。

【主要地域】イングランド　オランダ　デンマーク　アメリカ合衆国　オーストラリア　ニュージーランド

【イデオロギー】自由主義　資本主義（市場経済）、二大政党、小さな政府、株主資本主義

(2) 平等主義核家族［フランス・スペイン型］

この類型においても核家族が原則です。子どもは早くから独立傾向を示し、結婚後に親と同居することはまずありません。そのため、親の権威は永続的ではなく、親子関係は非権威主義的です。この点はイングランド型と同じなのですが、兄弟間、とくに遺産相続が完全に平等である点が大きくちがいます。遺産は正確に均等に分割されます。親子関係が権威主義的ではないため、識字率は低く出て、教育への関心も低く、家庭内における女性の地位は直系家族や絶対核家族に比べると低いのが普通です。その理由は兄弟間が平等であるため、姉妹が排除されやすいからと説明されます。

【主要地域】フランスのパリ盆地一帯　スペイン中部　ポルトガル南西部　ポーランド　ルーマニア　イタリア南部　中南米

【イデオロギー】共和主義　無政府主義（サンジカリズム）、小党分立、大きな政府

(3) 直系家族［ドイツ・日本型］

結婚した子どもの一人（多くは長男）と両親が同居するのが原則。親の権威は永続的で、親子関係は権威主義的です。兄弟間は不平等で、財産はそのなかの一人（多くは長男）のみに相続されます。次男以下と女子は相続に預かれないか、財産分与を受けて、結婚後は家を出ます。ポイントは長男の嫁で、未婚の兄弟姉妹に対して権威を持つことが要

求されますから、結婚年齢が高く、長男とあまり年のちがわない女性が選ばれることになります。この類型においては、識字率、とくに女性の識字率は高く出て、類型として教育熱心な傾向にあります。

【主要地域】ドイツ　オーストリア　スイス　チェコ　スウェーデン　ノルウェイ　ベルギー　フランス周縁部（ドイツ国境地域、南仏）スペインのカタロニア地域・バスク地域　ポルトガル北部　スコットランド　アイルランド　韓国　北朝鮮　日本

【イデオロギー】自民族中心主義　社会民主主義、ファシズム、政権交代の少ない二大政党制、土地本位制、会社資本主義

(4) 外婚制共同体家族［ロシア・中国型］

男子は長男、次男以下の区別なく、結婚後も両親と同居します。そのため、かなりの大家族となります。父親の権威は強く、兄弟たちは結婚後もその権威に従います。ただし、父親の死後は、財産は完全に兄弟同士で平等に分割され、兄弟はこのときにそれぞれ独立した家を構えます。トッドは、こうした父親の強い権威と兄弟間の平等が、ロシア・中国型の共産主義、つまりマルクス・レーニン主義（スターリニズム）を生んだと考えます。この外婚制共同体家族と共産主義国家の分布の見事な一致の発見が、イデオ

ロギーを家族類型から説明するトッド理論が生まれたと述懐しています。

この類型においては、長男の嫁という特権的なポジションがありませんから、嫁の初婚年齢は低く、したがって家庭内における女性の地位も低いのが普通です。また兄弟の完全平等という要素も姉妹を排除することで成り立ちますから、余計に女性の地位は低く、当然、女性の識字率は低く出て、教育への関心も低くなります。

ただし、ロシアは直系家族であったノルマン人の植民によって生まれたという歴史的背景もあり、中国よりは女性の地位と初婚年齢、それに識字率が高く出ています。

【主要地域】ロシア　中国　フィンランド　フランスの中央山間部　イタリア中部　ハンガリー　セルビア　ボスニア　ブルガリア　マケドニア　ベトナム北部

【イデオロギー】スターリン型共産主義、一党独裁型資本主義

この四類型が互いに影響しあいながら歴史は変容し、多様なイデオロギーや思想、文化を生み出していくというわけです。

また、その変容の過程において、親子関係、兄弟関係のほかに、重要なパラメータとして作用するのが、「識字率」と「出生率」です。この二つについても、トッドの定義を簡単に述べておきましょう。

●**識字率**

母語で読み書き能力を持つ一五歳以上の人が、ある母集団中で何%を占めるかを示す数値。トッドは、男性の識字率が五〇%を超えると社会変革への気運が生まれ、続いて女性の識字率が五〇%を超えると出生率が下がり、社会が安定することに気付きました。女性の識字率が五〇%を超えた時点を、トッドは「テイク・オフ」と呼び、その地域／社会は近代化の段階に入ったと推定します。

教育制度が普及した国においては、識字率と同様の指標として、「就学率」（＝ある母集団のうち何%の人が学校に入っているかを示す数値）を用いることもあります。

●**出生率（合計特殊出生率）**

一人の女性が一生のうちで産む子どもの平均人数。トッドは、女性の識字率が五〇%を超えると出産調節が始まり、出生率が下がることに注目しました。つまり、人口学で最大の問題となっている出生力転換、多産多死社会から少産少死社会への転換の原因は経済ではなく、女性の識字率にあると考えたのです。ここから、テイク・オフのパラメータとしての女性の識字率と出生率（合計特殊出生率）の相関関係が俄然、クローズアップされるようになりました。なぜなら、家族類型によって女性の識字率はかなり異なるので、女性の識字率がもともと高い家族類型、たとえば直系家族などではそれが出生率の低下を招くのでテイク・オフが早くなるが、共同体家族においては外婚制にしろ内婚制にしろ、総じて女性識字率が低いので、出生率は高止まりで、したがってテイク・オフが遅れるということが言えるからです。また、内婚制共同体家族であるイスラム圏と、核家族が崩れたような東南アジアのアノミー家族では、後者の方が女性識字率が高いのでテイク・オフも早まるだろうと、一九八〇年代の段階で予測できたのです。

人口の自然増と自然減との境目の出生率はおよそ二・〇七とされています。日本の二〇一五年の出生率は一・四五でしたが、直系家族地域では出生率が総じて低く、いま日本や韓国やドイツで問題となっている少子高齢化は家族類型に内在する問題であることがわかります。

本書では、この四つの家族類型にもとづいて、詳述を重ねていきます。ひとまず、この四類型と、識字率等のキーワードが重要であると頭のなかに入れておいてください。

トッド理論で世界の謎が解ける
～人類史のルール～

■集団の無意識

私がトッドに興味を持ったきっかけは、「集団の無意識」というものへの関心からでした。

ドイツの哲学者ヴァルター・ベンヤミンはこの集団の無意識（ただし、ベンヤミンは集団の意識と呼ぶ）について、大体こんなことを述べています。

個人は一人ひとりはっきりと覚醒しているが、これが集まって集団となると、個人が覚醒しているのとは裏腹に集団は深い眠りに入っていく。とくに、資本主義が発展していくと、眠りは深くなり、集団はそのなかで夢をみる。それは集団の無意識としてさまざまな形象となって現れる。たとえば、パサージュ、万博会場、鉄道駅あるいはモード、広告など。だから、「集団の無意識」を解き明かすには、こうした夢の形象について考えなければならない。

私が初期に、万国博、デパート、広告を取り入れたジャーナリズムなどを取り上げたのはこうした問題意識からでした。やがて、ベンヤミンから出発して、たどり着いたのが人口動態学でした。人口にこそ集団の無意識が最も強くあらわれると確信し、ルイ・アンリに始まるフランスの歴史人口学の系譜をたどって行って、トッドに行き着いたわけです。こうして、トッドの著作をすべて読み、家族類型、女性識字率、といったトッドの提示する概念こそが人類の無意識を解く最も重要なパラメータだと今は思っています。

■人間は個人の意識だけで生きているのではない

人間は、個人個人の意識だけで生きているのではありません。人類史を動かしてきたさまざまな集団の無意識に個人も強く影響を受けています。集団の無意識を意識化するということはじつはそう簡単なことではないし、無意識ですから、これを意識化したところで、その呪縛から逃れることは容易ではありません。しかし、これを意識化することで、わかりにくくなってしまった世界を見る目が新たに開かれることは確かだと思われます。また、トッドの家族理論を知ると、歴史の見方も大きく変わりますし、ある程度は未来予測も可能になります。

本書は、トッド理論の基礎的な部分をまずわかりやすく解説し、それを援用しながら、私流の解釈も交えて、歴史と現代を読み直す試みです。最終章では、そこからさらに飛躍して、これからの私たちの生き方のヒントとなる処方もいくつか述べてみました。

　さきに掲載した家族四類型のチャートを、何度も参照しながら、本書を読み進めていってください。

第一章

トッドに未来予測を可能にする家族システムという概念

①絶対核家族「イングランド・アメリカ型」

■トランプ政権誕生は民主主義の理にかなっている

ドナルド・トランプがアメリカの大統領に就任してから早くも半年が経とうとしています。

昨年の選挙戦の当時、大方のメディアや識者は、民主党のヒラリー・クリントンの勝利を予想していました。どんなに民衆が共和党のトランプを支持したとしても、最終的にはヒラリーに落ち着くだろうと予想していたのです。

そうしたなかで、「トランプを支持する人たちの反乱は理にかなっている」と終始明言していた数少ないうちの一人がトッドでした。

論拠となるデータとして彼がとりあげたのは、二〇一五年に発表された人口動態調査です。その調査では、一九九九年以降、アメリカでは、白人中年（四五歳から五四歳）の人の死亡率が上がっている、という結果が示されていました。

二一世紀に入るころからアメリカの産業は疲弊し、労働者の収入は上がっていません。自殺や麻薬・アルコール中毒、医療面でのセーフティネットの不備等が働き盛りの世代を死に追いやっていることは明らかです。

その理由を、トッドは「グローバリゼーション・ファティーグ（グローバル化による疲れ）」と呼びました。行き過ぎた自由貿易と、労働力としての移民の増加が、白人労働者を追い詰めているというわけです。トランプは、そうした不満を解消するという発言を続けてきました。自由貿易に対しては保護貿易を、移民に対しては制限を、国境に壁を、と。そうした候補を民衆が選んだこと自体は間違っていない、民主主義の理にかなっている、とトッドは冷静に言うわけです。

しかし、本当を言えば、この程度の予測なら、トッドでなくても言えますし、中高年白人労働者の死亡率の上昇というのも、トッドだけが探してきた数字ではないかもしれません。私からすると、トッドがトランプ当選を理にかなっていると言ったのには、もっと大きな理由があるはずのように思えます。

それは家族類型のちがいによる教育熱心の度合いの差が、ここに来て顕在化してきていることではないでしょうか？

つまり、アメリカ合衆国の家族類型である「絶対核家族」というのはその本質からして教育熱心ではありません。しかし、移民集団によって濃淡があります。ドイツ系、北欧系、ユダヤ系、日本系、韓国系はもとは直系家族ですから、核家族に移行してもエスニック集団特有の思考法は保持されることが少なくありません。つまり、出身のエスニック集団がこれらの直系家族の民族である場合は教育熱心という特徴は保持されるのです。これに対して、アングロ・サクソン系の白人は元祖・絶対核家族ですから、そのなかの下層（プア・ホワイト）は特に再投資としての教育に対する情熱は薄く、よって高等教育を受けずに社会に出た子どもは低学歴で仕事対応スキルも低く、必然的に収入減に見舞われることになるのです。いいかえれば、絶対核家族に内在する教育不熱心という要因がプア・ホワイトの社会的上昇を妨げ、さらなる貧困の連鎖を生んでいることがトランプ当選の真の理由だということになるのです。

■トランプ当選をもたらした「絶対核家族」

では、トランプ当選をもたらしたこの「絶対核家族」とは、そもそもどういうものなのでしょうか。

この家族形態は、もともとは、ブリテン島（イギリス本土）のイングランドに特徴的なものでした。イングランドという言葉はアングル族の土地という意味です。いまのオランダ、デンマークといった低地ドイツ語地域に住んでいたアングル族とサクソン族がゲルマン民族の大移動でブリテン島に渡ったことからこの名前がつきましたが、オランダ、デンマークも絶対核家族ですから、どうやら、イングランドの絶対核家族という類型もこの民族移動でもたらされたものと見てよいようです。

ところで、絶対核家族は、イングランドの住民でピューリタンというカルヴァン主義者たちの北米大陸への移住によって、そのまま新大陸へと運ばれていきます。北アメリカへの最初の大規模な移民には、このイングランドの人たちが大勢を占めていましたから、絶対核家族の原理も当然のように持ち込まれたわけです。

もう一度確認しておくと、「絶対核家族」の家族の単位は、父、母、子の「核」からなり、親は子に、早い時期から独立を促します。親に頼らず、同居することもなく、一人で稼いで生きていけとはっぱをかけるのです。子もまた、それにこたえて、あるいは自ら選び取って家を出ていきます。親子のきずなはさほど強くなく、そのぶん、子も親も「自由」を保証されます。結婚後に親と同居することはほとんどありません。

■金銭解決に傾きやすいドライな親子関係

ケンブリッジ・グループの一人でトッドの師であるアラン・マクファーレンは『イギ

リス個人主義の起源』で、イングランドが絶対核家族となったのは教区簿冊が残っている一六、一七世紀には確実で、一二世紀まで遡ることができるとしています。シェイクスピアが活躍した一六、一七世紀のイングランドの裁判記録に、相続権をめぐる親子の紛争の記録が多数残っているという調査がなされています。親子間での相続訴訟が多い理由は、親が複数いる子どもを相手に自分の財産をオークションに掛け、条件が合わない場合には他人に売り渡してしまうケースが少なくなかったからのようです。これは他の家族類型では見られない特殊な例で、イングランドにおける親子関係が金銭での解決に傾きやすいドライなものだったことを物語っています。

このように、産業としては農業しかなかった時代から相続が金銭解決となるほどで、農民と農地との関係が弱いものでしたから、農業形態がオープン・フィールドでの大農場経営へと変わり、さらに一五、一六世紀に羊毛生産のためにエンクロージャー・ムーブメント（囲い込み）が起きると、農地を持たない農民は簡単に農村を離れて工場制手工業の労働者として賃金を得るようになります。イングランドが最初の資本主義国になったのは、こうした金銭を媒介とする相続という慣習の影響で、農地からの離脱が容易だったからと解釈できます。

■受け継がれにくい知恵や経験

また、もともと核家族で親子間のつながりは弱いため、世代が断絶しやすい傾向があり、知恵や経験が受け継がれることも多くはありません。早期の独立をすすめる親は、教育という手間暇、費用のかかるものに熱心になることはありません。

子ども、特に男の子が複数いた場合は、兄弟どうしで遺産を平等に分割するという観念はなく、相続に関しては、兄弟相互が一人占めを狙って「争う」ことも多かったようです。イングランドでは、相続については明確な規律（平等に分割する、あるいは長男一人に相続する等）が存在せず、親の遺言／遺書だけがあいまいな基準となって、遺産は「不平等」に分割されました。遺言が残されていなければなおさらで、裁判沙汰になったり、骨肉の争いになることもありました。この遺産相続の不平等、というよりも平等への無関心から導かれるのがイングランド型の差異主義です。

イギリス文学史上で最も偉大な劇作家といえば、シェイクスピアですが、その作品の多くは遺産相続をめぐるドラマでした。代表作『リチャード三世』は、主人公のリチャードが、兄弟親族妻妾かまわずに謀殺や虚言をこれでもかと繰り返し、イングランド王位を奪取する悪行譚です。手段を選ばぬ争いと、はてのない欲望は、「絶対核家族」原理の究極的な表出といえます。

■『リア王』と『ハムレット』は財産をめぐる相続劇

『リア王』は財産相続をめぐる親子の争い劇です。冒頭で、リア王が娘たち三人に領土を譲るにあたって、父親への愛を誰が最も上手く表現できるかという対決をさせる場面が有名ですが、これは裏を返せば、親が三人の娘に対して遺産をオークションに掛けるという絶対核家族の相続を象徴しているのです。

『ハムレット』は、デンマーク王子であるハムレットが、父を殺し母と王位を奪った叔父に復讐を果たす物語ですが、これもまた財産をめぐる親族間の非情な争い劇と読み解くことができます。相続形態でいえば、後述するようなZ型相続で、兄から弟（叔父）へ、弟（叔父）から甥へという、非直系的相続です。デンマークもイングランドと同様、典型的な絶対核家族国家なのです。

こうした家族類型から導き出される「自由」と「競争」、「差異主義」という原理が、資本主義経済を下支えすることにつながるわけです。あくまで個人が優先されるため、個人の金儲けの自由、自分と他人とは違うという差異主義、損得勘定が第一義とされます。儲けたお金を投資するのも自由という考え方は、株式会社というシステムを誕生させます。イギリスの産業革命やアメリカの発展を促したのも、「自由」と「競争」と「差異主義」の精神なのです。

しかし、アメリカへの移民はイングランドからだけではありませんでした。ルーツの異なる移民をすべて平等に扱わなければ、国としてまとまりません。そこで、合衆国憲法には、平等主義が理想として謳われました。来る者拒まず（ただし、識字テストの結果如何で足止め・送還ということはあったようです）、したがって移民がどんどん増えるというのは憲法で保証されたことではあるのです。

ところで、移民の国としてのアメリカと、イングランド移民が最初に持ち込んだことで国レベルの家族類型となった絶対核家族との関係はどのようなものであるかということに関してですが、これは後に詳述するように、移民の受け入れ国側の家族類型の絶対性という原則があります。つまり、移民の受け入れ国が絶対核家族であれば移民も絶対核家族に、また受け入れ国が平等主義核家族であったり、共同体家族であれば、その類型に、それぞれ同化せざるをえなくなるということです。これはトッドが『移民の運命』で調べたところでは、親から子どもへの世代交替にはかなりの軋轢を生みます。子から孫の代になると孫は完全に受け入れ国の家族類型に同化すると見られます。

つまり、アメリカでは移民を平等に受け入れるというのが国是でも、家族類型は絶対核家族の自由競争と差異主義ですから、いわゆる差異を残したままでのサラダボウル型の同化ということになるのです。

■過剰なグローバリゼーション推進による疲弊

ところが、ここにきて、移民の過剰な増加、とりわけヒスパニック系の移民の圧倒的な増加が問題になってきました。これには以前の移民の同化とはかなり異なった要素が含まれています。これまでは、アメリカという「大洋」の中に移民という「島」が出来ても、その「島」は、受け入れ国の絶対性の原理により、三世代目には「大洋」に呑み込まれて消えてしまう場合がほとんどでした。しかし、メキシコからのヒスパニック系移民はあまりに数が多いので、「島」というよりも、「半島」あるいは「亜大陸」となって「大洋」に呑み込まれなくなっているのです。

ヒスパニックはスペイン・ポルトガルの流れをくむ平等主義核家族にインディオ系のアノミー家族（原初的核家族）が加わったもので、核家族という点では似ていても原理に平等主義があるため、差異主義の絶対核家族とは合いません。しかも、困ったことに、どちらも核家族原理ですから教育不熱心で、低学歴、低収入となる傾向があります。つまり、労働の市場において、ヒスパニック系労働者とアングロ・サクソン系のプア・ホワイトは正面衝突することになるのです。

今回の大統領選挙で、グローバリゼーションの過剰な推進がアメリカという国自らの首を絞め始め、アングロ・サクソン系プア・ホワイトの票が民主党から共和党に流れたといわれますが、じつはこうした労働市場における対立というものも大きな影響を与えているのです。

このように、アメリカの精神的な古層に根強く残っていた「絶対核家族」の指向が、トランプを大統領に選出するという形で表出したのではないかとみることができるわけです。トッドの世界分析が鋭くかつ深いのは、常に人類の歴史変遷にまで遡って考えているからなのです。

■イギリスのEU離脱を促した隠された理由

トランプ政権発足の七カ月前、アメリカと同じ「絶対核家族」の国であるイギリスは、国民投票の結果にもとづいて、EU（欧州連合）を離脱する＝ブレグジットという選択をしました（二〇一六年六月二三日）。イギリスという国は、イングランド、ウェールズ、スコットランド、アイルランドからなる連合王国ですが、首都ロンドンが在るイングランドは、元祖「絶対核家族」地域です。

トッドは、ＥＵという概念自体に、早くから懸念を表明していました。

一九九二年のマーストリヒト条約調印の年には、日本でのセミナー席上で「欧州連合条約（マーストリヒト条約）には反対」と明言しています（『新ヨーロッパ大全２』藤原書店・所収）。一九九九年のユーロ通貨導入の直前には、「（導入を）もう止めるのは無理だ。しかし、（中略）二〇〇五年にはユーロはなくなっていると思う」（朝日新聞・一九九八年五月二日）と語り、二〇一四年には、「いつか彼ら（イギリス）はＥＵから去ると思いますか？」という質問に「もちろん！」と答えていました（文春新書『「ドイツ帝国」が世界を破滅させる』所収）。トッドが、留保抜きで、ここまではっきりと予言しているのは、実は珍しいのです。

イギリスは、当初から、ＥＵへの加盟に積極的ではありませんでした。ＥＵの前身のＥＣ（欧州共同体）に加盟するのも、ＥＣ発足から六年後の一九七三年のことです。一九八九年のポーランドの民主化に続き、ベルリンの壁が壊されて東西ドイツが統一されると、経済的な協力が主であったＥＣに、政策面での協力体制が求められ始めます。

マーストリヒト条約を経て、一九九三年にＥＵが発足しますが、イギリスは長い間この条約を批准しませんでした（改革版であるリスボン条約を批准して二〇〇八年に加盟）。

ＥＵでは、加盟国国民の相互移住が自由です。イギリスには、ポーランドからの移民が大勢入ってきました。もともとのイギリス人は雇用を奪われていきます。

イギリスは植民地帝国だった関係で、すでに移民大国です。ロンドンに行けばわかるように、インド系、パキスタン系、アフリカ系、アジア（香港・シンガポール）系、それにニュー・カマーである東欧系（ポーランド、バルト三国）などが入り乱れているように見えますが、元の絶対核家族の原理が差異主義ですから、移民の受け入れはアメリカと同じサラダボウル型で、基本的に同化は進められておらず、地域分住です。しかし、伝統的な白人労働者階級（アメリカでいえばプア・ホワイト）の住む地域が移民地域の拡大で狭められてきており、ここに溜まった白人労働者階級のフラストレーションがブレグジットにイエスの投票をさせた可能性はかなり高いようです。イギリスの白人労働者階級には例の教育不熱心という特性がありますから、労働市場で移民との競合の可能性も高いのです。

そして、サッチャー政権が押し進めた新自由主義的な経済政策が国民を疲弊させて、アメリカと同様に、トッドが言うグローバリゼーション・ファティーグの症状が出てきたのですが、私に言わせれば、グローバリゼーション・ファティーグとは、絶対核家族原理の自己免疫反応です。「自由」と「競争」の原理が過剰に発動されて、自らを傷つけてしまったことへの反応です。それへの緊急処方としてのEU離脱なのです。

トッドはまた、今回のEU離脱は、イギリス人がイギリス議会の主権を取り戻すためでもあったと言っています。EUは、経済面でも政治面でもドイツに実権を握られています。ドイツは直系家族ですから、EU議会の運営も直系家族的にならざるをえません。これが絶対核家族のイギリスにとっては我慢がならないのでしょう。イギリス一国の議会を飛び越えて、EUが、実質的にはドイツの直系家族原理がなにもかも決めてしまう。それに対して、イギリスの絶対核家族原理が「NO!」を突き付けて、部屋を出たというわけです。

②直系家族「ドイツ・日本型」

■EUの覇者ドイツ

EUを実質的に牛耳っているのは、たしかにドイツです。ドイツはなぜイギリスやフランスを押さえ、EUでナンバー1の地位を獲得できたのか。

それは、ドイツが伝統的に「直系家族」社会だったからなのです。いまはドイツも、日本と同様に、現実レベルでは核家族化が進んでいますが、集団の無意識、つまり共同幻想のレベルではあいかわらず、典型的な直系家族社会です。

この直系家族の特徴は「一子相続」、あらかじめ相続される子どもは一人だけ決まっています。相続するのは、たいていは長男ですが、長女、末子の場合もわずかですがあります。一人だけの跡取りは、丁寧に教育され、結婚したあとも親と同居することが要求されます。その結婚相手も、多くは親が決め、そこに長男が生まれると、またこれを繰り返していきます。こうして、家や農地などの財産は分割離散することなく受け継がれ、タテ一本の家系が永久に続くことになります。

このように直系家族とは農地と家という不動産と密接に結びついたシステムです。そのため、直系家族地域の農地は、ドイツの地主貴族ユンカーの支配していたプロイセンに見られるように、家を囲む農地に境界線を示す柵があり、他者の侵入を防ぐというかたちをとることが多く、そのため、農村では、民家がポツリポツリと点在するという風景が見られます。イングランドやフランス・パリ盆地のような民家が一カ所にかたまって、そのまわりにオープン・フィールドが展開するというような農村風景は見られません。

また、こうした囲い込みの原理が国家にも反映されますから、直系家族原理でつくられた国は一般に地方分権型の連邦制をとることが多くなります。ドイツ連邦しかり、日本の江戸時代しかりです。

■イエの支配者としての父親の権威

単位を家に戻すと、家では親の「権威」がたいへん強いとされています、しかし親個人が現実に権力を振るうかどうかは関係がありません。構造体としてのイエの支配者である父親の権威、つまり、権力ではなく権威が強いということです。実際の父親は、弱虫でも、役立たずでも、とにかく「お父さんはえらい」ということが前提とされているのです。母親にも、父親ほどではないですが、権威はあり、家のなかを仕切ります。さらに、父親の次には長男がえらいということになっていますから、自動的に長男の嫁もえらいということになり、実質的には、この長男の嫁に権力が集中します。日本で、お父さんが貰った月給はそのままお母さんに引き渡され、家計はお母さんがやり繰りして、お父さんは小遣いで我慢というのは、絶対核家族や平等主義核家族から見たら考えられないことなのです。

いずれ、詳述しますが、こうした権威と権力の分散が直系家族の特徴で、家と会社をアナロジーで結ぶと、権威は社長（お父さん）にありますが、実際の権力は長男の嫁に相当する人事部長や秘書課長が握っているというケースが少なくないのです。

また、直系家族においては、絶対核家族や平等主義核家族と比べて、親が子どものしつけで肉体的な暴力を振るう機会は非常に少ないとされてきましたが、これも構造体としてある権威の強さのためなのです。昔の日本では、「地震、雷、火事、親父」というように親父は恐いものの象徴とされてきましたが、これも実際に暴力的で恐いのではなく、権威的だから恐かったのです。

■東日本大震災でモラルの高さが賞賛された日本

こうした家族は、たいへん教育熱心なのも特徴です。代々ほどこされる知育、徳育は主として長男の嫁をキーパーソンとして、長い間に知識、徳目として家庭内に蓄積されます。東日本大震災のあとで、世界中に感銘をいだかせた日本人のモラルの高さはこのようにして育まれたわけです。ドイツが、二度の世界大戦で敗者となり、また再統一という試練があったにもかかわらず、さして間を置かずにヨーロッパの覇者となりえたのは、直系家族が大切にしてきた教育熱心さ、知識への信頼、すなわち、「知力」の高さゆえなのです。

しかし、その反面、家の支配原理が隅々にまでおよぶ、鬱陶しい「見えざる視線による相互監視」、つまり「世間」というものが強くなり、同時にそれに対する反発も生まれます。日本の近代文学というのは、こうした直系家族の「見えざる視線による相互監視」に対する反発の系譜だったと捉えることができます。

では、直系家族において、長兄一人が財産をすべて受け継いだ後、その弟たち、次男・三男たちはどうしていたのでしょうか。絶対核家族なら、財産をめぐって、兄弟間の競争が起こるところです。

しかし、直系家族では、次男・三男たちは「排除」されておしまいでした。彼らは家を出され、他家に婿入りしたり、工場や商家で働かねばなりませんでした。あるいは、寺社・修道院に入門したり、兵員として雇われる（ヨーロッパなら各国傭兵部隊、日本なら僧兵、武士軍団）など、身一つで生き抜いていかねばなりませんでした。

直系家族からはじき出された次男・三男たちは、歴史をつくる原動力となっていきます。その具体的な史実は、後の章で詳述していきます。

③平等主義核家族「フランス・スペイン型」

では、ヨーロッパのもう一つの大国、フランスはどうなのでしょう。

この国の家族形態は「平等主義核家族」です。ドイツの直系家族とも、イングランドの絶対核家族ともちがいます。「核家族」という点ではイングランドに通じますが、内実は異なります。ここでは、親は早めに子供と関係が切れて、子供が結婚したあとに同居しないという点ではイングランドの絶対核家族と同じです。しかし、イングランドとは異なり、兄弟どうしが「平等」の扱いになります。財産は、兄弟どうしで、原則として完全に「平等分割」されます。トッドがイングランドとフランスの核家族をはっきりと峻別できたのは、この相続の方法のちがいがカギになりました。

■土地よりも家具が大事

フランスの、特にパリ盆地一帯は、肥沃な土壌を持つ平坦な地域ですが、開放耕地（オープン・フィールド）と呼ばれる広大な農地は領主貴族や大ブルジョワが保有し、農民は小作料を払って土地を借り、そこから上がった利益を歩合で分割する分益小作制に組み込まれています。フランス革命で農地解放が行なわれ、自作農が成立するまで、この土地制度が続いていました。農民自体が土地を私有しているわけではないため、財産として土地を子に受け継がせることはできなかったのです。

したがって、相続できるものは「動産」のみとなります。農具、工具、家畜、食器、家具、衣服などを兄弟は遺産として平等に分割します。この「動産が大事」の名残はフランスでは第二次大戦後まで続いていて、民衆にとって家具というのは最大の財産でした。フランスの安ホテルはしばらく前まで「家具付きホテル Hotel meublé(garni)」と名乗っていましたが、これは「家具付きのホテル」はえらいという信仰の影響であり、「土地よりも家具が大事」のメンタリティの名残なのです。

また、動産を平等分割するフランスでは、その動産を金銭に換えるためのオークションも発達しました。動産をオークションで換金し、均等に分けるということもしばしばあったようです。フランスで個人の財産管理を任されている公証人の重要な仕事は相続が生じたとき動産をオークションにかけ、合計金額を相続人に平等に分割するという仕事でした。だから、相続にはオークションは不可欠になるのです。

オペラにもなっているアレクサンドル・デュマ・フィス（小デュマ）の『椿姫』は、娼婦マルグリットの遺産のオークションの場面から始まります。フランスでは日ごろ目にすることの多い出来事だったのでしょう。

家具は民衆にとっては貴重な財産でした。そのため、アパルトマンが安いのに対して、家具が高いという傾向は二〇世紀半ばまでありました。日本人の皇族がパリでアパルトマンを借りた記録が残っているのですが、それを見ると、家賃よりも家具の借り賃が高いのに驚きます。

■フランス人がおしゃれになった理由

ちなみに、動産に財産としての価値を置くがゆえに、フランスでは、家具や調度品ばかりか、衣服や靴や帽子、装飾品も動産として換金性の高い商品となりました。衣服には既製服がなかったので古着市場のような再流通システムが完備されていました。

そこから、衣服や靴や帽子や装飾品の品質・デザインが向上したとも考えられます。フランス人がおしゃれになったのも、動産を平等分割するという平等主義核家族の原理が存在していたためといえないこともないのです。

ところで、このような平等相続が行なわれた後は、いや相続が行なわれる前から、フランスの農民の子供は、親と同じように小作農民になるのも、別の仕事に雇われるのも「自由」でした。そうして、生計を立て、家庭を持ち、核家族を再生産していきます。親とのつながりは弱く、成人した子が親と同居することはありません。こうした「自由」さは、イングランドの核家族と同様で、教育という再投資には不向きでしたが、遺産相続の「平等」がフランス特有の平等主義原理を生み出すことになります。「自由」と「平等」の精神は、一八世紀後半に至って、フランス革命として開花します。「平等主義核家族」の原理が歴史を動かした最も大きな出来事といえます。

しかし、フランスは、平等主義核家族だけで構成されているわけではありません。パリ盆地を中心に、たしかに平等主義核家族の地域は大きいですが、直系家族地域（南西フランス、ドイツ国境近辺のアルザス・ロレーヌ地方など）、共同体家族地域（中央山塊地域）、絶対核家族地域（ブルターニュ地方。ただし『家族システムの起源』では「追加的な一時的同居を伴う直系家族」に変遷）と、フランスは四つの家族形態をすべてかかえるヨーロッパではまれな国です。それゆえに、フランスは、複雑な政治体制をとらざるを得ないという歴史を持っているのです。

④外婚制共同体家族「中国・ロシア型」

イングランドの絶対核家族、フランスの平等主義核家族、ドイツの直系家族。これで「トッドの四家族類型」のうち三つは終わりましたが、残る一つが「外婚制共同体家族」です。

現在、国内総生産（GDP）世界第二位の中国、そしてロシアは、この「外婚制共同体家族」システムの国家です。この家族形態が共産主義というイデオロギーと親和性が高いことはすでにお気づきかと思います。

【注】外婚制＝ある集団の外部から配偶者を求める婚姻

■大帝国が誕生する条件　～権威ある父親と平等な兄弟～

家族類型がイデオロギーに直結していることは、丹念な裏付け調査、データの比較をしながら「四類型」を整理していく過程で、トッドもわかっていたはずです。しかし、その類型分布を世界地図上に書き込み、色分けしてみて、あらためて「見えた」ものがあったのです。

「ある日、アパルトマンのソファに寝転がっていたところ、『外婚制共同体家族の分布図』と『共産圏の地図』とが突如、重なったのです！　まさに啓示でした！　私は何らかの目論見からこの二つを重ねようとしたのではありません。とにかく『二つが一致する』ことを突如、発見したのです」。（『問題は英国ではない、ＥＵなのだ』文春新書・所収）

外婚制共同体家族は、まず、父親にたいへんな「権威」があります。直系家族のような、形としての権威ではなく、実際に父親が強大な権力を振るうのです。ドストエフスキーの『カラマーゾフの兄弟』で、理不尽なまでに権力を振るうフョードル・カラマーゾフの人物像は、外婚制共同体家族に特徴的な家父長の戯画といえるかもしれません。

子である兄弟たちはその父親のもとに全員同居し、服従します。兄弟が何人いても、結婚後もすべて親と同居していくわけですから、大集団になります。

ですが、兄弟どうしは「平等」です。平等に力を合わせて、ことにあたります。もともとは、ロシア〜中央アジアのステップ（草原）地帯で遊牧民的な生活をおくっていた人たちが多くとる形態です。家畜を伴い、移動と短期間の定着を繰り返す生活には最も適しているといえます。

相続に関しては、兄弟「平等」に分割されます。遊牧民ですから土地は持たず、家畜や移動用のテント・家財、武具などの動産は容易に分割相続が可能となります。

この形態は戦争において有利です。支配領域を広げて巨大な「帝国」を形成するのも特徴です。古くはフン族のアッティラによるアッティラ帝国、チンギス・ハンが率いたモンゴル帝国、その子孫によるキプチャク・ハン国などが典型ですが、いずれも版図があいまいな遊牧国家でした。

しかし、強靭な権力を持っていた父親が亡くなると、外婚制共同体家族は瞬く間に解体します。命令系統を失って、統率がとれなくなり、バラバラになるのです。アッティラ帝国、モンゴル帝国、その子孫によるキプチャク・ハン国などが、君主の崩御から間もなくあっけなく崩壊したのは、こうした父亡きあとの平等な息子たちによる分割相続の伝統によるところが少なくないのです。

■大帝国が崩壊する兆し　～乳児死亡率がソ連崩壊を予測させた～

トッドが、ソ連の崩壊に言及する著作『最後の転落』を書いたのは、一九七六年、二五歳の時です。処女作にして、予言の書としても第一弾でした。

『最後の転落』は、学界では轟々たる批判を浴びました。当時は、ソ連は絶対崩壊しないと信じられていた時代です。マルクス主義の大学人もまだ大きな影響力を持っていました。トッドの予言は、そこからさらに一六年を経て、しかし、ある日突然という感じで、現実のものとなりました。

ソ連崩壊を予測する要因としてトッドが目を付けたのは、「乳児死亡率」でした。文明が進歩している国なら、乳児死亡率は、通常は減少します。これには例外がありません。

ところが、ソ連の一九七一年以降のその数値をみてみると、明らかに上がっていたのです。トッドは、出入りしていたフランスの国立人口統計学研究所の図書室でそれを偶然見つけたと言っています。出典は世界保健機構の年鑑で、誰でも見られるものですが、他の人口学者は注目していなかったのです。この乳児死亡率の上昇という事実にトッドは唖然とし、ソ連の社会が機能しなくなっている、近いうちに崩壊があるのではと直感したわけです。乳児死亡率は国家の発展衰退を計るカギなのです。

のちの家族類型論を当てはめてみると、ソ連（ロシア）は権威主義的な父親（＝独裁者）と大勢の息子たちの家族（＝国民）が同居する社会、共同体家族国家です。独裁的な指導者もしくは独裁政権の牽引力とそれに従う国民の連合する力が均衡を保っていられればよいのですが、いったんバランスが崩れると、解体へと向かいます。一九七六年当時、強大な独裁者であったスターリンが亡くなった一九五三年から二三年が経っていました。乳児死亡率という小さな水の漏れから、国家という堰の崩壊の最終局面を、トッ

図5「ロシアの乳児死亡率と男性平均寿命」

年（西暦）	乳児死亡率（%）	平均寿命／男(歳)
1965	27.0	64.6
1966	25.6	64.3
1967	25.6	64.2
1968	25.5	63.9
1969	24.4	63.9
1970	22.9	63.5
1971	21.0	63.2
1972	21.6	63.2
1973	22.2	63.2
1974	22.6	63.2
1975	23.6	62.8
1976	24.8	62.3
1977	21.4	62.0
1978	23.5	61.8
1979	22.6	61.7
1980	22.0	61.5
1981	21.5	61.5
1982	20.2	62.0
1983	19.8	62.3
1984	21.1	62.0
1985	20.8	62.3
1986	19.1	63.8
1987	19.4	65.0
1988	19.1	64.8
1989	18.1	64.2
1990	17.6	63.8
1991	18.1	63.5
1992	18.4	62.0
1993	20.3	58.9
1994	18.6	57.3
1995	18.2	58.2
1996	17.5	59.7
1997	17.2	60.9
1998	16.5	61.3
1999	16.9	59.9

基礎データは Statistiques démographiques des pays industriels「工業国人口統計」 Alain Monnier,Catherine de Guibert-Lantoine,INED「国立人口統計学研究所」。『帝国以後』（エマニュエル・トッド著／藤原書店刊より）

ドが予見したということです。

その一方で、トッドは、「識字率」の分析を通して、ソ連国民自体は近代化を指向していると結論づけました。

面白いことに、トッド自身は、高校生時代、フランス共産党の党員だったのです。祖父母のうち三人までが共産主義者でした。共産主義を拒まない伝統のようなものが家族のなかにあったわけです。『最後の転落』を書く少し前に、トッドは、ハンガリーへ旅行しています。当時ソ連傘下であったハンガリーに旅したのも、共産主義への憧れがまだ若干あったからかもしれません。そうしているうちに、共産主義国の貧しい現実を目のあたりにしたのです。共産主義国へ行くと、共産主義者ではなくなって帰ってくるというのはよくあることです。

■家族類型とイデオロギーの相関関係

『最後の転落』に続いて、一九八三年の『第三惑星』で「家族類型論」を発表すると、トッドは再び非難の渦に巻き込まれました。家族類型とイデオロギーを機械的に結びつけるのは納得がいかないという批判でした。

そうした批判に応ずるため、次にトッドは、別のデータに注目します。それは、共産党の得票率というものでした。民主主義の国々における共産党の得票率というものをみていき、共産主義と外婚制共同体家族が一致するなら、共産党の得票率の高い地域は外婚制共同体家族が存続しているという証拠になる、と考えたのです。

フランスにおいては、これがみごとに一致しました。外婚制共同体家族が多く存在するフランスの中央山塊地域は、工業的発展に取り残された田舎です。その地域の共産党得票率は突出して高いのです。イタリアのトスカナ地方、ローマからミラノあたりの地域も共産党の得票率が非常に高いというデータが得られましたが、ここも外婚制共同体家族地域です。農業を主産業としています。イタリアのトスカナ地方でした。イタリア共産党は当時ヨーロッパで最強の共産党でしたが、その最も強力な地盤がトスカナ地方でした。工業が強いところ、工業労働者が多いところで共産党が強いというわけではなかったのです。

世界的にみると、絶対核家族の地域では、共産党の得票率は常に低くなっています。イングランドにもアメリカにもかつて共産党が存在しましたが、微々たる勢力に過ぎませんでした。平等主義核家族の地域、直系家族地域においては、もう少し支持がありますが、政権に影響を及ぼすほどにはなりません。

ちなみに、日本の共産党もそうですが、共産党というのは常に全選挙区に候補者を立てます。したがって、資料的には漏れのない最高のデータが得られるのです。そういう意味では、昨年の参議院の総選挙（二〇一六年七月）で、共産党がいくつかの選挙区に候補者を立てない選択をしたのは、統計学者にとっては、残念なことだったと思います。

また、これは余談ですが、戦争直後から昭和三〇年代までの、つまり民衆が地域に張りついていた時代の統計を調べて、どの地域で共産党の得票率が高かったかを調べると、日本における外婚制共同体家族の残存が逆照射される可能性があるのではないでしょうか。民俗学者として各政党別の得票率に注目するという姿勢があってもいいのではないかと思います。

ではここで、家族類型とイデオロギーとの関係を再度整理しておきます。

絶対核家族	自由主義　資本主義（市場経済）
平等主義核家族	共和主義　無政府主義（サンジカリズム）
直系家族	社会民主主義　自民族中心主義　ヒトラー型ファシズム（ナチズム）
外婚制共同体家族	共産主義（スターリン主義）　一党独裁型資本主義

第二章

国家の行く末を決める「識字率」

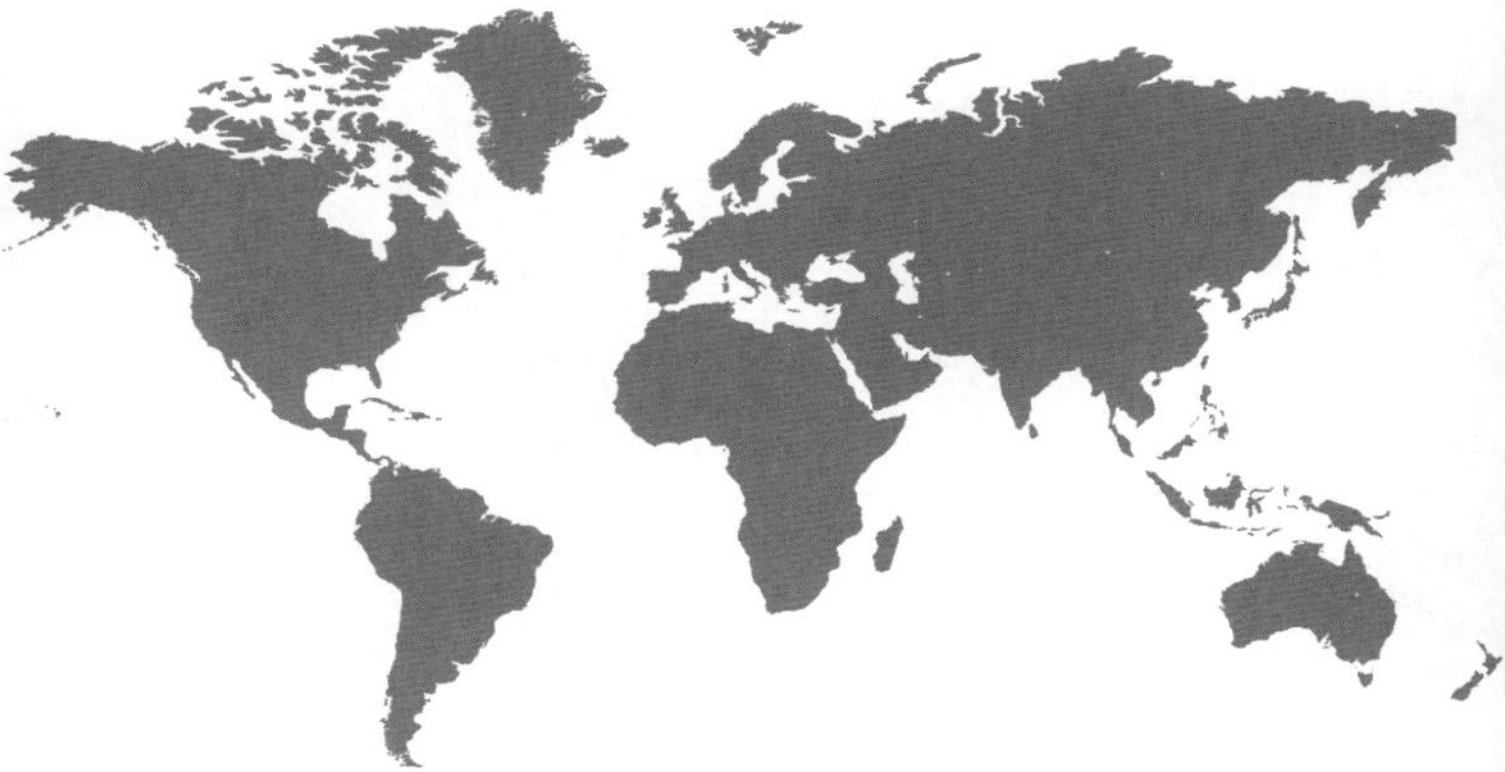

トッドの家族理論はこうしてつくられた

「絶対核家族」「平等主義核家族」「直系家族」「共同体家族」というトッドの家族四類型は、過去の研究に大きく依拠しています。まったくのゼロから、彼がつくり出したものではありません。

三人の先行者がいました。

一人は、ピーター・ラスレット。トッドがケンブリッジ大学に留学して学んだ歴史人口学者です。彼は、一七世紀イングランドの小さなキリスト教区の住民名簿（教区簿冊）を精査し、その時代の家族形態を復元するという試みをしていました。

トッド自身もおそらくそうですが、一般的に私たちは、「人類はもともと大家族集団から始まり、しだいに核家族に変化して今に至った」という図式をなんとなく教えられています。ところが、ラスレットの調査によって、「イングランドはたしかに現在も核家族だけれども、それは何世紀も前からそうであった」ということが判明したのです。

図6「家族のかたちの変遷」

〈ドイツ・日本・スウェーデン・ロシアの場合〉

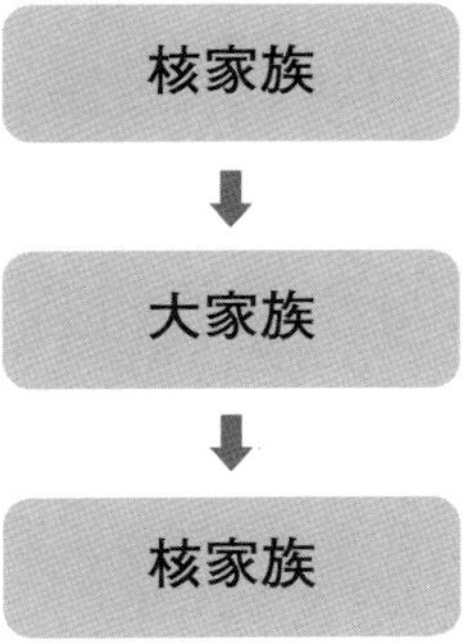

〈イングランド・パリ盆地の場合〉

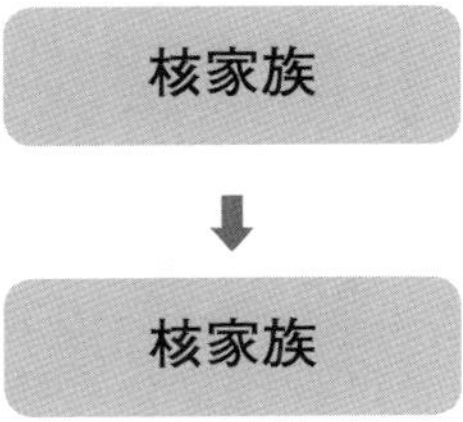

人類はもともと、大家族集団から始まり核家族に変化したと考えられてきた。だが、それは誤りで実は最初は核家族というかたちだったのだ。

しかし、彼はその後、核家族こそが、すべての地域、あらゆる時代の普遍的形態だと性急な結論づけをしてしまったのですが……。

アラン・マクファーレンもトッドの指導教授の一人ですが、彼は自著『イングランド個人主義の起源』（一九七八年）のなかで、古くから続く核家族の形態がイングランドの個人主義の母体であり、産業革命を準備したという仮説をたてています。この、家族形態とイデオロギーの関連づけという着想は、トッドが『第三惑星』（一九八三年）以降展開していく理論の源流となりました。

この二人に付いて調査研究を進めるうちに、トッドは、家族形態は一様ではない、画期的な分類法があるのではないかと気づき始めます。そうして参照したのが、一九世紀のフランスの社会学者、フレデリック・ル・プレイでした。ル・プレイは、自分が行なった調査で、以下のように家族形態を三つに分類していました。

●パリ盆地周辺の、不安定家族（ファミーユ・アンスターブル）
●南仏やドイツ国境地帯の、幹家族（ファミーユ・スーシュ）
●フランスの中央山塊の、族長家族（ファミーユ・パトリアルカル）

トッドは、この三分類を借用して比較検討を重ね、イングランドとフランスの核家族の違い、とりわけ相続法の違いに着目します。そうして、ル・プレイの言う不安定家族を二つに分けます。フランスの家族には「平等主義核家族」と名を付け、イングランドの核家族は区別して「絶対核家族」という名を与えます。幹家族は原語ではそのままですが、訳語では「直系家族」となります。族長家族は「外婚制共同体家族」と名を替え、「トッドの四家族類型」がここに完成します。

ちなみに、「大家族から核家族へ」という俗説の出所は、モーガンの『古代社会』を元にした一八六一年刊のバッハオーフェンの大著『母権制』ですが、その俗説を盲目的に引用して広めたエンゲルスをも含めて、トッドは徹底的に批判しています（『家族システムの起源』所収）。

古い様式はいつでも辺境に保存される

■政治の中心部から離れた地に残る古い言葉

トッドの「四家族類型分布地図」（一九八三年の『第三惑星』で発表）を見てみると、ユーラシア大陸においては、大陸の中央部に外婚制共同体家族が大きく陣取っており、大陸

図7「周縁地域の保守性」

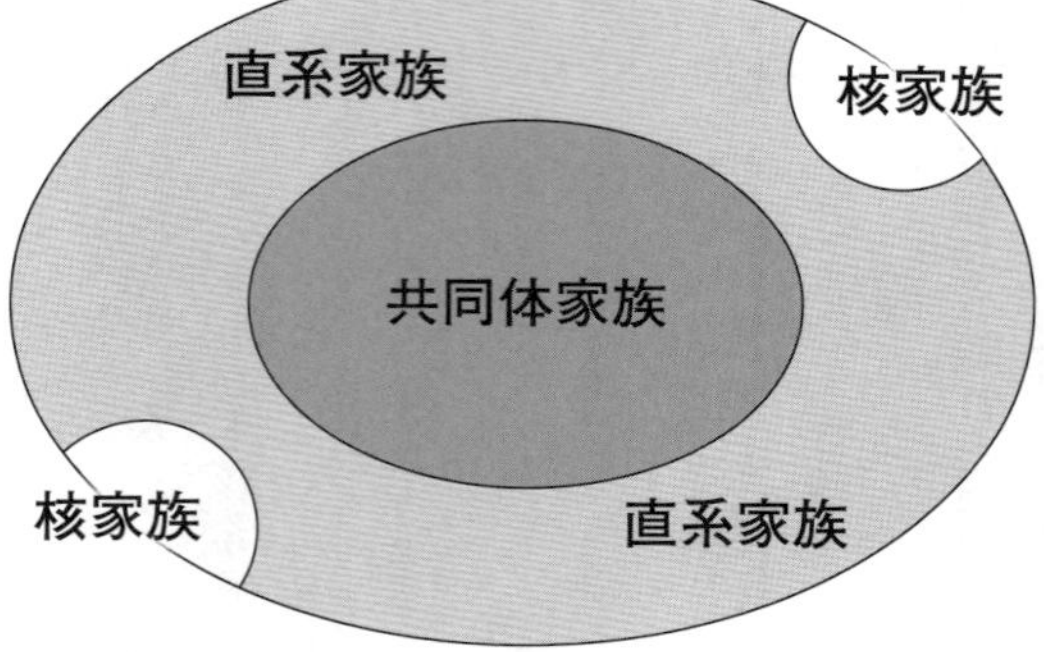

古い家族の形態は、中心部から遠く離れた周縁部に残っている。
図は『家族システムの起源／上』より作成

の周縁部に押しやられる形で、直系家族や核家族（絶対核家族、平等主義核家族）が分布しています。しかし、トッドは自分で分布図をつくったときには、それが意味するものに気づいていなかったようです。

ところが、トッドが長年の友人の言語学者で中国語研究の泰斗であるローラン・サガールに自作の分布図を見せたところ、サガールは言下に「これは言語地理学でいうところの周縁地域保守性の原則と同じだね」と喝破し、書評でも結論を厳しく批判したのです。言葉の古い形態が、政治や文化の中心部から遠く離れた周縁部に残っているという考え方で、言語地理学の世界では既知のものだったのですね。日本では、柳田國男の『蝸牛考』でお馴染みの理論で、柳田はこれを一九二〇年代にスイスのジュネーヴの国際連盟勤務の頃に知り、日本の蝸牛（カタツムリ、マイマイ）の方言の地方分布と重ねて実証したのですが、では、なにゆえトッドがこうした言語地理学の常識に気づかなかったのかといえば、それは、戦後の構造言語学の発達で、言語学に地理性や歴史性の因果関係を持ち込む態度が批判され、流行からはずれてしまったからです。事実、トッドも『第三惑星』の最後で次のように構造主義的に結論しています。

■イデオロギー分布の源は家族の存在

「いかなる規則、いかなる論理とも関係なく地球上に散らばっているように見える諸家族構造の配置が示す地理的な一貫性の欠如は、それ自体ひとつの重要な結論なのである。この一貫性の欠如は、社会科学によって疑わしいものとして捉えられているが、遺伝学によって次第に認められてきたあるひとつの概念を想起させるものである。つまり偶然という概念を。家族システムとは、情緒的なものであり、理性の産物ではない。（中略）二〇世紀の歴史を決定したイデオロギー分布の源には、家族の存在があったのである。しかし、地球におけるイデオロギーの歴史とは、人類学的な条件を基底にしながらも、偶然が介入することによって生まれた目的を持たない運動なのである」

つまり、家族システムの一貫性を欠いているように見える分布は偶然の産物で、理性によって生み出されたものではないと結論づけたのですが、のちにトッドはレヴィ・ストロースの構造人類学の影響による誤りだったと認めて、歴史地理学への歩み寄りを強くしていきます。

その理論的転換、方法論的回心の結晶が、最新作の『家族システムの起源』です。そこでは、共時的な構造主義モデルから通時的な伝播的（歴史的）モデルへと方法論を転じたトッドが「周縁地域の保守性原則」を家族類型に応用し、次のように自分の理論を修正しています。

「ユーラシア大陸の周縁部に残っている家族形態のほうがより古い。つまり、直系家族や核家族（絶対核家族、平等主義核家族）は共同体家族より古い形態である」

ここからさらに考察して、トッドは「起源的核家族」という概念に至ります。

この起源的核家族が、父方居住、母方居住、双方居住、統合的核家族、一時的同居を伴う核家族などのバージョンを経た後、農耕や定住などさまざまな要因の影響で、「絶対核家族」「平等主義核家族」「直系家族」「共同体家族」の四つの形態に分化していくのではないかということなのです。

■家族の形態が分化する時点

六万年前に人類がアフリカから世界中に広がっていったとき、人類の食糧調達方法は狩猟と採集でした。木の実、魚、鳥、動物、ある場所でそれらを採り終えたら、次の新しい場所へ移動する。旅暮らしです。この身軽な「移動」に最適なのは、一対の男女、もしくは一対の男女とその子、という小さな単位であることは容易に想像できます。

爺ちゃん婆ちゃんを含む三代の移動はやや困難になるので、二つの方法が考えられます。

【方法1】

例えば、兄弟が三人いたとして、まず一番上の子どもが結婚します。この夫婦は、最初のうちは、夫側ないしは妻側の親と同居しますが、自分たちに子どもができると独立していきます。二番目の子も同様です。最後の子どもは、老いた父母の面倒をみるために残ります。末子相続の原形です。このうち末子相続が決まるまでの過程を一時的同居を伴う核家族で、全体的にはサイクルαという、イギリスの社会人類学者フレーザーの用語が使われています。

【方法2】

結婚した兄弟姉妹それぞれの核家族どうしで近住の小集団をつくり、小集団内で相互扶助をしながら、移動もしくは定住を選択します。

この【方法1】と【方法2】の段階くらいまでの家族形態が「起源的核家族」です。起源的核家族はあちこち移動を繰り返しながら、大陸のはてにたどりつき、その先の島嶼部まで漕ぎ出しますが、そのあたりが打ち止めの居住地となります。

起源的核家族の名残りは今も東南アジアの島嶼部などで見ることができます。フィリピンあたりでは、海外への出稼ぎということが日常的に行なわれています。上の子から順番に出ていき、最終的に一番下の子が家に残って親の面倒をみるのです。これは【方法1】の変形です。【方法2】の形も、北欧のラップ人や北米のイヌイット（エスキモー）の人たちが今も受け継いでいます。

起源的核家族が、「絶対核家族」「平等主義核家族」「直系家族」「共同体家族」の四つの形態に分化する時点は、地域によってさまざまであり、その後の変化も一様ではありません。より古い形態だからといって、文明化／近代化していないとも限らないのです。現に、起源的核家族とはいえないものの、ユーラシア大陸の周縁に位置する絶対核家族社会のイングランドが、一九世紀以降工業先進国として君臨したことをみても、それは明らかでしょう。

「土地の所有」が家族のかたちを変える

■核家族が変容する要因はなにか

起源的核家族は、どのような要因で変容していくのでしょうか。

その要因の一つは、まず「農耕」という技術を手に入れているかどうかです。定住するためには、安定的な食糧確保の術がなくてはなりません。

次に「気候」の問題です。温暖か寒冷か、湿地か乾燥地か、風が強い場所なのか穏やかか、植生はどうなのか。

「土地」の問題も重要になります。海べりか内陸か。平地か山地か。農耕に適しているかそうでないか。農地は広いのか狭いのか。

こうした環境的要因のちがいで、暮らし方、家族の在り方は異なってきます。

そして、その「土地」を、所有していきたい、子孫に受け継がせたいという欲求が、家族形態の変化に大きく影響します。

図8「家族類型の変遷」

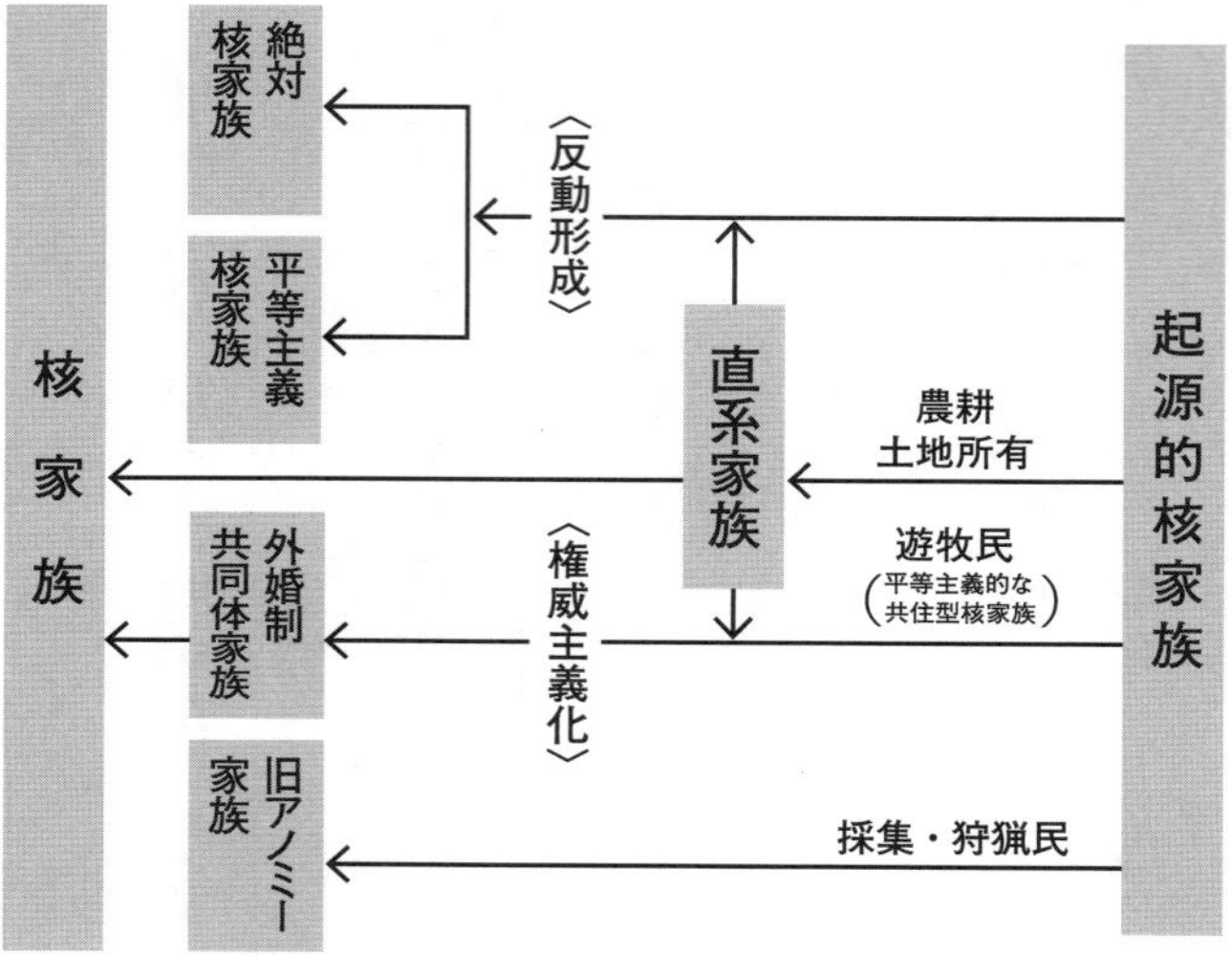

家族のかたちは、気候や土地などの環境的要因、農耕技術といった要因の違いで変化していく。

さらに、「父系」か「母系」かという問題があります。新婚夫婦が親と同居する場合、お嫁さんのほうの親かお婿さんのほうの親か、どちらの親と住むのか、ということです。どちらと住んでもよい、住めるほうと住むというところ（双居住性といいます）から始まるのですが、しだいに、夫の側（父系）か妻の側（母系）かに偏ってくることが多いのです。

農耕においては、労働力、体力のある者が重用されます。一般的に、女性よりも男性のほうが体力は勝るのは明らかです。戦争などではなおさらで、男性のほうが優先的に兵士として狩り出されます。こうして、男性優位、父系優位の価値観が家族の心性のなかに醸成され、家族形態を父系化させていくわけです。父系の遺産相続の原則なども、これに伴って定着していきます。

では、ドイツにおいて、起源的核家族がどのようにして、「直系家族」に移行していったかを見てみましょう。

起源的核家族が現在のドイツにあたる地域に定住して、農耕を始めます。開墾して広げたとしても、いずれ自分たちの領分の農地はいっぱいになってしまいます。ドイツの、特に中南部のハイランド地方は、山あいで平地が少なく、農地が限られているのです。

二代三代と続けば、新しく形成された家族のために、限られた農地を分割相続していくことが難しくなります。無限分割を防ぐために、直系家族の元となる「一子相続」という方法が発想されたわけです。その時期は、トッドは一〇〇〇年頃ではないかと推定しています。

王侯貴族領主は、農民たちに先行する形で、分割相続が困難になりました。そして、長子が相続するスタイルが成立します。

農民たちは、上層階級への忠実さを示すためもあり、この長男相続の方法を採り入れました。農民たちにとっては、貴族のシステムを採用することで威信を高める効果もあったかもしれません。上層階級の側も、農民が長く定着してくれれば、安定した収穫を得ることができるわけです。

遺産相続をめぐる暗黙のルールが確定すると、今度は、その直系家族のルールが家族の成員、あるいは共同体全員を縛ることになります。父親はえらい、先に生まれた者はえらいという意識が、人間の思考を縛り、しだいに無意識下に沈潜していくわけです。

私は、家族内での「無意識」がしだいに村落、国家へと浸透していくことで「集団的無意識」が醸成されていったのではないかと思います。狭い土地、寒い土地で、人類がサバイブしていくために「発明」された直系家族が、集団的無意識を生むきっかけになったと思うのです。

人の運命はあらかじめ決められているのか?

■批判の対象になるトッド

トッドがしばしば批判の対象になるのは、家族類型とイデオロギーとが、ある種、機械的に結びつくようにみえるところです。

直系家族を例にとると、山がちの土地で耕作地が限界に達し、農地の相続は子ども一人にせざるをえない、そうした理由で直系家族は誕生しました。必然的に、直系家族は、自分たちが所有する土地、家を守るため、利己的になりがちです。この考え方が集団や国家に投影されると、他の集団よりもまず自らの集団が大事、自分たちの国の利益を第一に、という考え方に変容し、自民族中心主義のようなイデオロギーを生み出します。

地形や気候という偶然の環境的要因が、そこに定住した人間に、ある特徴的な家族形態を発明させてしまい、その家族形態で培われた価値観が特定のイデオロギーに結びつくというのが、トッド理論がクールに指し示すものです。

しかし、それは、土地というものに強く縛られていた農業社会の話で、都市化と核家族化が進行し、人々の移動が激しくなった現代では通用しないだろうと思われるかもしれません。例えば、「土地も持ち家もなく、三世代同居もしていない東京のある核家族の子ども」に、日本古来の直系家族原理の影響は依然としてあるのか。

それは、あるのです。なぜなら、私たちが否応なく「中間団体」というものに所属してしまっているからです。中間団体とは、国家と個人の間に位置する、政府、官僚組織、政党、軍隊、会社、学校、宗教団体、町内会から部活動まで、そういった集団です。中間団体には、ある社会、ある地域の古くからの価値観、思考様式が、なんらかの形で保存されています。

■集団をつくると直系家族的組織になる日本人

日本人は集団をつくると必ず直系家族的な構造にしてしまいます。後からそうした集団に入る人間は、すでに構造ができあがっていますから、合わせていかなくてはなりません。この「後から入った」という感じ方がすでに直系家族原理に無意識にとらわれている証拠です。会社では「きみ、何年入社?」「ぼくと同期?」というような会話がしばしばなされます。返答によって、そのあとの口調が変わったりもします。部活動では、無意識に「○○センパーイ!」と呼びかけがちです。ちなみに、この「先輩」「後輩」という呼び名は、英仏語には翻訳不可能です。

家に帰れば核家族、だとしても、その核家族のメンバーは、一歩外に出れば、中間団体からの影響による直系家族の原理に縛られるのです。

このように考えてくると、「人間の運命はあらかじめ決められている」「無意識下の家族原理に支配されて人間は身動きできない」と短絡しそうになります。トッドが批判されるのも、こうした観点からなのです。

トッドはしばしば、家族類型を地球の重力に喩えることがあります。人間は重力をコントロールすることはできないけれども、だからといって、人間が自由でないとはいえない。家族形態も重力に似て、人間はある家族形態に無意識に影響されざるをえないけれども、それに拘束されて、微塵も自由がないということにはならないというわけです。

話が少々、哲学的なところにまで踏み込んでしまいました。

この話はこれくらいにして、トッドが、社会が近代化していくのを計る最も重要な変数と考える「識字率」についてみていきましょう。

歴史を動かす最大の要素「識字率」

農業社会が工業化し、近代化していくにあたって、最も重要な指標となるのが識字率です。

「識字」とは読み書き能力のこと、英語ではリテラシーといいます。読み書き能力を

図9「第三世界における識字化と政情不安の時期」

革命現象	革命時期（年）	成人男性識字率が70%に達した時期（年）
メキシコ革命	1910 - 1920	1925
フィリピン市民革命	1946 - 1954	1940
中国共産主義革命	1949（中華人民共和国成立）	（1960 ?）
ベトナム革命	1945 - 1954	1935（ある一地方）
コロンビア市民戦争	1948 - 1957	1935
キューバ革命	1959	1915
インドネシア大虐殺（反コミュニズム）	1965 - 1966	1960
カンボジア大虐殺（クメール・ルージュ）	1975 - 1979	1960 以前
イラン革命（イスラム革命）	1978 - 1979	1980
ニカラグア革命	1979	1980
エルサルバドル市民戦争	1980 年代	1970

成人男性の識字率が 50%を超えると社会変革が起こると、トッドはいう。
『世界の多様性』（エマニュエル・トッド著／藤原書店）より

持つ一五歳以上の人が全人口中何％を占めるかを表わすのが「識字率」です。世界全体の識字率は八五％で、男性は八九％、女性は八一％になります（二〇一三年、ユネスコ調べ）。社会が近代化する前提には、人々が読み書き能力を持つことがなによりも必要になってきます。

トッドは、成人男性の識字率が五〇％を超えた時点で社会変革や革命が起きる条件が整ったと言います。

明確な主張を持った政治文書が多くの人に読まれ、イデオロギーが共有されたあとで、実際の行動が始まるわけです。
例証として、右の図表9をご覧ください。

■革命や争乱の要因「ユース・バルジ」

近年重要視されている革命や争乱の要因として、「ユース・バルジ」にも触れておきます。これは、「若年層人口の膨張」というもので、一五歳から二九歳までの男性の人口に占める割合が三〇％を超えると、それらが起きるというわけです。父親は字が読めないが息子は字が読めて書物やパンフレットに書かれた思想を理解出来る状況が生まれると、それが家庭内での分裂を引き起こし、そうした反発が国家レベルにまで高められて革命的状況が発生するというわけです。

これは、戦後のユース・バルジの典型である団塊の世代に属する私にとって非常によくわかる理論です。団塊世代の反乱は、まさにこうした家庭内分裂、父親と息子・娘の対立を基礎にしていたからです。もう一つ特徴的なのは、全共闘世代においては、それまで大学に進学したものは皆無の下層中産階級から初めて大学生になったものが多かったことです。下層中産階級の父親は字が読めないというわけではなく、新聞は読んでも本を読むことはないのが普通でした。いわば識字革命第二段階です。その中で、息子や娘は書物から得た知識によって父親と対立したのです。そのころ、仲間内で使われた言葉に「家族帝国主義打倒」というものがあります。まず家庭内で父親ないしは母親の権威による抑圧を撥ね除けてからでないと街頭に飛び出せないということを意味していました。

■女性の識字率が五〇%を超えると出生率が下がる

しかし、男性識字率五〇%超えよりも重要なのは、女性の識字率です。女性の識字率が五〇%を超えることと、その社会の「出生率」が下がることには相関関係があるとトッドは説きます。女性が本を読み、内省するようになり、避妊の知識なども得て、受胎調節のカギを自分が握っていることを自覚した時点で、人口は減少に向かいます。ただし、誰か一人だけが自覚していてもそれは起こりません。一定の人数の女性が価値観を「共有」したときにはじめて起こります。

男性の識字率が五〇%を超えると「暴力による革命」が、女性の識字率が五〇%を超えると受胎調節の「静かなる革命」が起こりうるということでしょう。

問題は、男性識字率五〇%超えと女性識字率五〇%超えの間の移行期間が、それぞれ家族類型によって異なっているということです。

概していえば、直系家族や絶対核家族においては短く、平等主義核家族や外婚制共同体家族においては長いということになります。その差の原因は、家族類型における女性の地位の高低によります。

直系家族や絶対核家族において女性の地位が高いのは、兄弟が不平等に置かれているからです。兄弟のうち一人が優遇されて財産を独り占めにし、他の兄弟は相続から排除されるのがこの二つの家族類型の共通点ですが、しかし、それは裏を返せば、その一人の相続人の嫁は夫と同じくらいに地位が高くなるということを意味します。長男ないしは遺言で選ばれた息子の嫁は、他の兄弟に比べても地位が高いのです。これが女性の識字率の高さをもたらすと考えられます。

これに対し、平等主義核家族や共同体家族においては兄弟は平等ですから、その兄弟のそれぞれの嫁に地位の高低があるわけではありません。しかし、そのために、女性の識字率は低く出てしまい、それが受胎調節の遅れを導き、テイク・オフの遅れをもたらすことになるのです。

■地球が終わってしまう可能性

しかし、現在では、四つの家族類型はいずれも女性識字率五〇％超えを達成しており、テイク・オフも完了しています。

これに対し、サハラ以南のアフリカ諸国やイスラム圏の一部では、依然として人口爆発がとまりません。これはこの地域の家族類型において女性の地位が低く、女性の識字率が五〇％未満だからなのです。

女性の識字率が向上した社会では、教育への関心が高まります。工業化を伴って経済が活性化し、社会全体が底上げされます。アフリカのいくつかの国やアフガニスタンなどはまだテイク・オフの段階に達していません。しかし、これらの国々が、どんなに遅れようとも、いずれテイク・オフすることはまちがいないのです。

トッドは、こうした女性識字率が五〇％に至らない段階を総称して「世界の幼年期」と呼びました。アーサー・C・クラークのSF小説『幼年期の終わり』を意識しての命名です。しかし、いずれ、世界のすべての地域において、女性識字率が五〇％を超え、「世界の幼年期」が終わる日は来るのです。

問題はそれがいつ来るかで、「世界の幼年期」が終わるよりも前に人口爆発による環境汚染で、地球が終わってしまっている可能性も皆無ではないのです。

第三章

世界史の謎

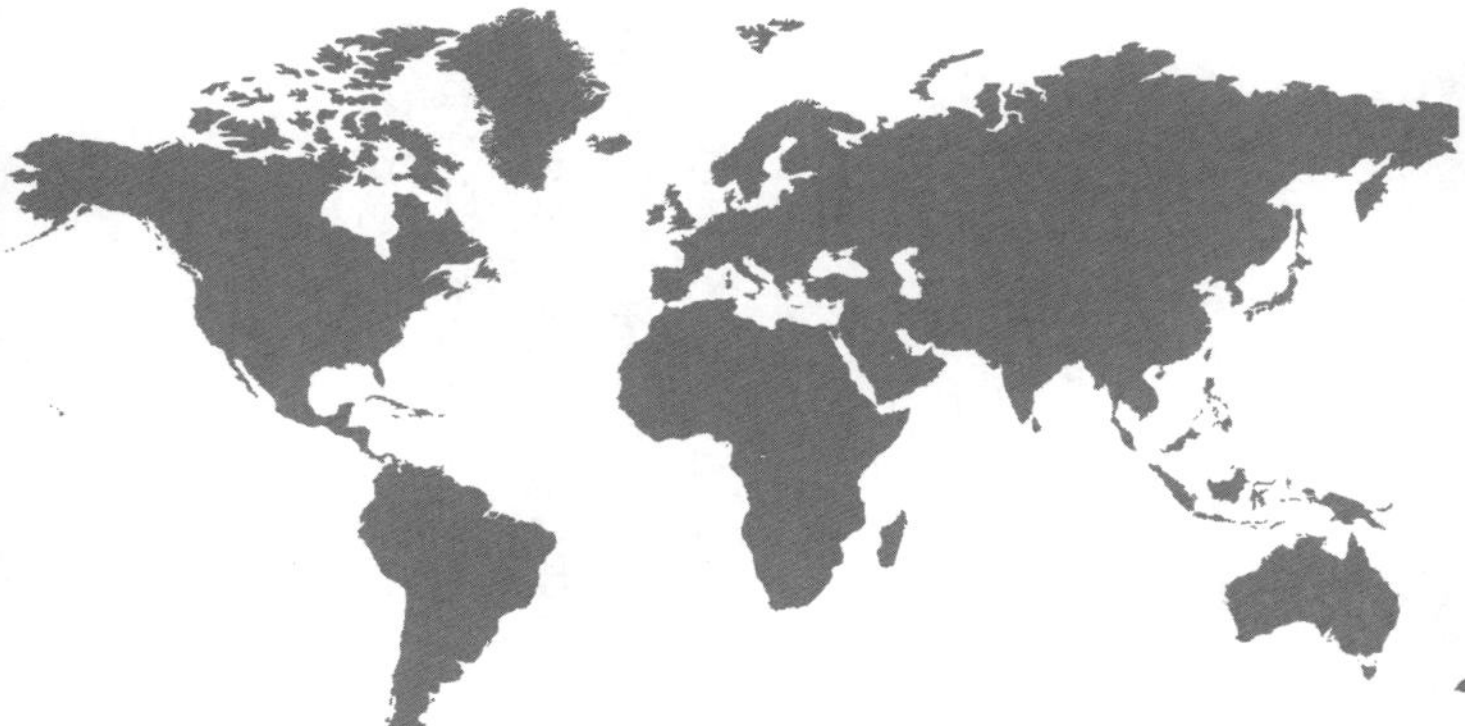

■世界史の謎解きにトッド理論を応用する方法

世界史の謎解きにトッド理論を応用するための便利な方法があります。それは洋の東西を問わず、修道院と傭兵の出現に注目してみることです。

家族類型の起源のところで少し触れましたが、起源的核家族がいくつかの段階を経て直系家族に到達した時点で「歴史」、つまり書かれた歴史というものが始まるようです。直系家族というのは獲得した知識を代々蓄積することに向いているから、最後は歴史の発明につながり、口承文芸から歴史/物語への転換が起きるのです。そのキーになるのは長男の嫁であり、この実質的権力者によって、知識の伝達である教育というものが可能になることで、歴史は動いていくのです。

1 秦の始皇帝が焚書坑儒を行なったのはなぜ？

■最初に直系家族が生まれた地域

では、直系家族が歴史において最初に生まれたのはどの地域でしょうか？　オリエントと中国華北部です。このうち、中国華北部について見てみましょう。

アジアには現在、中華人民共和国という大国が存在しています。この中国とロシアが、「外婚制共同体家族国家」の典型であることは、トッドが『第三惑星』で指摘しているとおりです。

中国に最初の外婚制共同体家族国家を築き上げたのは、秦の始皇帝（紀元前二五九～紀元前二一〇年）でした。彼は、焚書坑儒を行なったことでも知られていますが、なぜそのようなことを行なったのでしょう。

トッドは、中国の華北地方では、春秋戦国時代（紀元前七七〇～紀元前二二一年）、『三国志』の時代には直系家族社会が成立していたと考えています。おそらく、華南や華中に比べて土壌の肥沃さにおいては劣る華北では直系家族が生まれやすかったのだと思われます。ところで、直系家族は、タテ一本の家系を守って、平等原理は持ち合わせていませんから、横に連帯して大きくなるということはありません。日本でいえば藩、豪族、ヨーロッパではクランのサイズで、小邦分立という形をとります。ドイツも、ドイツ帝国と名乗るまでは長くその形でした。春秋戦国の時代もまさにそうなのです。

また、直系家族においては権威と権力の分離を伴いますが、これも、春秋時代の初期においては、すでに観察できます。晋が韓・魏・趙に分裂する前には、権威はいちおう晋王にあるけれど実際の権力は後の韓・魏・趙の諸公に分有されていたといわれますが、これなどまさに直系家族的国家でなければ見られない現象です。

また、この時代に成立した孔子の『論語』も、「親に孝」「君に忠」「学んでときにこれを倣う」等々、直系家族の原理を敷衍したような訓話集でした。

そうした直系家族的な小邦のところへ、遊牧民の匈奴（フン族）が襲ってきます。このころの遊牧民は、平等主義的傾向を持った起源的核家族の集団ですが、大勢の騎兵、歩兵を細かく動かすたくみな戦法に長けていました。破壊力はあるけれども鈍重な小邦の戦車部隊では太刀打ちできないと、小邦の一つである秦は考え、敵の戦い方を模倣します。

その戦法を用いて、小邦群をとりまとめ、一大帝国に築き上げたのが、秦の始皇帝でした。始皇帝は、大勢の人間が横一線に並んで協働するという遊牧民のスタイルに、直系家族由来の父親の権威性を加えて、共同体家族国家を確立させたのです。

始皇帝は、いったんこの共同体家族原理を発動させると、今度は、直系家族原理の撲滅に手を染めます。それが焚書坑儒です。書物に目を付けたというのは、知識の集積を絶つということです。自らの独裁権力のみで大勢の人間を従えるためには、よけいな知識や思想は邪魔なのです。そういう意味では、始皇帝は、トッドの家族類型論を、二二〇〇年も前にすでに理解していたわけです。

追い詰められた直系家族の思想は、朝鮮半島を経由して日本に到達します。これがなければ、日本の直系家族化はもっと遅くなっていたかもしれません。中国で『論語』は消えて、韓国で生き返り、さらに日本に伝わります。直系家族社会の日本の、直系的な組織である会社で、いまも『論語』が指針の一つであるのは、こうした経緯によるのかもしれません。

ただし、日本列島の直系家族化は日本史の謎のところで見るように、大陸からの伝播説だけでは説明しきれないところもあるので、これについては後述ということにしておきましょう。

❷ ヴァイキングがブリテン島とフランスを襲撃したのはなぜ？

北欧の歴史には、ヴァイキングがヨーロッパのあちこちへ遠征する話が頻繁に登場しますが、この背景にも当時の北欧での直系家族化があります。

ドイツから北方へ、七世紀ころに移動したゲルマン民族であるノルマン人は、ドイツ高地よりもはやく直系家族になりました。北へ行けば行くほど寒冷で、農耕が可能な季節も限られますから、収穫量は少なくなります。子どもが複数いたりすると、農地や家を均等に分けるのは厳しくなるため、一人だけに相続することになったと思われます。ここでも、環境要因が直系化を促すわけです。

その結果、家から排除された次男・三男たちの一部は、紀元八〇〇年前後から海賊（ヴァイキング）となって、ブリテン島やフランスなどを襲撃したというわけです。

面白いのは、初期のヴァイキングが年一回の「通い」だったことです。普通に考えれば、襲撃して肥沃な土地を奪ったら、そこにとどまるはずなのです。ところが、彼らは、襲撃が終わると、すぐに帰ってしまったようなのです。

■ブリテン島遠征は結納金獲得のため

北欧説話の『サーガ』などを読むと、ヴァイキングには、男性が女性に婚資（結婚のための財産）を与える習慣があった、と書いてあります。結納ですね。直系家族の長男は親から相続する財産があるからよいのですが、次男・三男には結婚相手に渡すべき婚資がありません。

そこで、ブリテン島やフランスに遠征して、金銀財宝を略奪していくわけです。教会や修道院が狙われたのはイエス像や祭壇などに金銀細工がたくさんあったからです。最初のうち、ヴァイキングは写本などには見向きもしませんでしたが、後に写本が金になることを知ると、これも略奪していきます。こうして持ち帰った金銀細工を結納にして結婚すると、その男たちはもう来なくなる。次の年には、別の次男・三男たちが襲ってくるのです。

そんなノルマン人たちもしかし、後年には、遠征先で定住するようになります。九一一年、当時の西フランク王国（フランス）の国王シャルル三世がヴァイギングの首領ロロにノルマンディーの一地域を与えて定住を許しました。サン・クレール・シュール・エプト条約です。それが、ノノマン（北の人）の国という意味のノルマンディーです。

ところで、ヴァイキングというと殺戮と略奪だけの蛮人のように思えますが、実際には直系家族として数世紀に渡る知識を蓄積したインテリ民族でした。第一、そうでなければ、あの複雑な船舶工学に基づくヴァイキング船を建設できなかったことでしょう。文字もルーン文字を持ち、サーガのような文学作品が書かれていました。

もちろん、ノルマンディー公国が建国されるとルーン文字はラテン文字に切り替えられ、征服者自身も古ノルド語を捨てて、フランス語の起源である俗ラテン語を話すようになります。このようにヴァイキング文明とガロ・ロマン文明が融合した結果、ノルマンディーは中世では最も文化程度の進んだ国の一つとなります。現在の研究では、一二世紀から急速に普及したゴシック建築のカテドラルはヴァイキングに蓄積されていた船舶技術が横ではなく縦に応用されたものだろうという説が有力です。

?3 十字軍エルサレム奪還が行なわれたのはなぜ？

■あぶれた次男・三男が歴史を動かす！

あぶれた次男・三男（直系家族の余剰人員）が歴史を動かす！　世界史上に多くの例があります。十字軍、比叡山の僧兵、明治維新。十字軍の遠征を支えたのも彼らでした。

一一世紀頃の北フランスおよび南フランス、それにドイツでは、社会の上層で直系家族化が進行し、あぶれた次男・三男は修道院に入るか、傭兵部隊へ行くしか選択がなくなりました。戦争というものが国家レベルになり、王たちは、職業的な兵隊を大量に傭い入れるようになっていました。食い詰めた次男・三男たちはそれに応じて、将兵として報酬を得るようになります。裕福な上層階級・領主の息子たちは最初から幹部候補でした。傭兵部隊は出身地に由来する名で呼ばれましたが、有名なのはドイツ傭兵、スコットランド傭兵、スウェーデン傭兵、スイス傭兵といったところです。いずれも、典型的な直系家族地域ばかりです。

この傭兵の形を変えたものが十字軍（一一世紀末から一三世紀）だったのです。十字軍は、ウルバヌス二世が聖地エルサレムをイスラム諸国から奪還するために志願者を募った遠征軍で、自発的な義勇軍や民衆の十字軍も含まれていました。

次男・三男があぶれるのは、直系家族地域の領主の家族においても同様でした。領主自身はまず行きませんが、領主の次男・三男たちは率先して十字軍に参加しました。親から分け与えられなかった土地を求めて遠征するわけです。それに連られて、家来たちも加わりました。

とりわけ注目に値するのが、第一回十字軍です。というのも、このときにはウルバヌス二世の呼びかけにもかかわらず、英仏独の王は参加しなかったからです。参加したのは、ロレーヌ、ブローニュ、ノルマンディー、プロヴァンス、トゥルーズ、あるいはノルマン系シチリアといった直系家族化が進行していたフランス王国周辺地域の領主の次男・三男でした。

典型的な例は第一回十字軍のリーダー、ゴドフロワ・ド・ブイヨンです。

ゴドフロワ・ド・ブイヨンはブローニュ伯ウスターシュ二世の次男で、形のうえでは母方の伯父の下ロートリンゲン公ゴドフロワ四世の跡継ぎとされていましたが、これも皇帝の反対があったりしてなかなか領主となることができなかったため一〇九六年のウルバヌス二世が十字軍を呼びかけるとただちにこれに応じました。このとき、兄のウスターシュ三世、それに弟のボードワンも参加しましたが、ブローニュ伯領の跡継ぎであったウスターシュ三世は三カ月で帰ってしまい、ゴドフロワ・ド・ブイヨンが十字軍の指導者となり、エルサレム王国を建国して王に選ばれますが、これを辞退して聖墓守護者を名乗ります。エルサレム王国の初代の王には、弟のボードワンが就いてボードワン一世となります。

同じく第一回十字軍の指導者トゥルーズ伯レーモンもトゥルーズ伯ポンスの次男で、長男のギヨームがトゥルーズ伯となりますが、兄の死後、トゥルーズ伯領を奪ってレーモン四世を名乗ります。ところが、これが認められないで騒動を起こしているうちに十字軍参加となりました。

このほか、シチリアのノルマン王国のボエモン一世（後のアンティオキア公）、ノルマンディー公のロベール二世は長男でしたが、いわばダメな長男で、後継者から外されたために十字軍参加となったのです。

■次男・三男をリクルートしたテンプル騎士団

十字軍が占領したエルサレムに向かう巡礼者の護送軍団として組織された騎士団（騎

士修道会）もまた、次男・三男たちが集まる場の一つでした。テンプル騎士団、聖ヨハネ騎士団、遅れてドイツ騎士団、この三つが有名ですが、このメンバーの多くが南仏やシャンパーニュ、ノルマンディー、それにスペインの北西部といった直系家族地帯からリクルートされた次男・三男でした。ドイツ騎士団などは、東方植民（ドイツ東方への植民）を先駆けて行ない、騎士団国家までつくりました（後のプロイセン）。キリスト教を御旗にしてはいますが、その実態は、略奪・虐殺・占領の暴力集団だったようです。

次男・三男の行き場としてはほかに、修道院もありました。修道院というのは、共住修道士といって、本来は、一緒に住むことによって貧しさに耐え、さまざまな誘惑に抵抗する修行の場なのです。ところが、行き場を失った王侯貴族の次男・三男を収容する施設の性格を帯びてくると、様相が一変します。そのあたりの、中世初期における修道院の乱脈さは、フックスが『風俗の歴史』で克明に描いています。

■金持ちの家の息子は修道院の幹部に

もっとも、この修道院においても、金持ちの家の息子は、親の寄進によって、最初から幹部として迎えられました。

そのカラクリは次のようなものです。直系家族化が始まったフランスの周辺部（ただし、まだフランス王国の領土ではなく、独立の公国や伯爵領です）やドイツなどでは、長男が領地と城を受け継ぎますが、まだフランク族特有の平等分割の名残があったため、次男・三男にもアパナージュ（親王領）といって領地が分与されます。しかし、次男・三男がそこの領主となってしまうと領地が分割されてしまいますので、アパナージュは次男・三男が修道院に入ると同時に修道院に寄進されて修道院領となります。修道院としては寄進を受けていますから、その修道士を幹部にしなければなりません。多くは修道院長となります。ところで修道士は独身が義務ですから、寄進されたアパナージュは永遠に修道院のものになるはずですが、しかし、ここには甥相続という抜け道があったのです。つまり、修道士となった次男・三男の甥（つまり跡継ぎとなった長男の次男・三男）が今度はその修道院に入ると、叔父の跡を継いでまた修道院長となるのです。

こうして、その修道院は半永久的に領地を寄進した王侯貴族の「所有」となるのです。その結果、ドイツや現在の英独国境地帯にある修道院というのは城をも凌ぐとてつもなく巨大なものとなり、寄進領地から上がる年貢で財力もまた莫大なものになります。現在でも、その名残を各地に見ることができますが、それは直系家族の成立と切り離せないものなのです。

反対に、これらの修道院に叛旗を翻したシトー会の修道院は非常に地味なのを特徴としますが、修道会それ自体が貧乏だったわけではありません。シトー会はフランチャイズ制のクリュニー会と異なり、中央本部直轄制を取り入れていましたから本部には莫大な収入が入ってきたのです。

この中央集権システムを採用したのがテンプル騎士団で、修道会として入会する王侯貴族の次男・三男の寄進する領地から上がる収穫を現金で中央本部に送るように命じましたから、これまたものすごい金額が本部にはプールされることになりました。おまけにテンプル騎士団に参加した騎士の多くは聖地で戦死していますから、いわば丸儲けで、潤沢な現金を各国の王に融資するようになったのです。テンプル騎士団が銀行の始まりと呼ばれるのはこうした裏があったからです。これもまた直系家族が生んだ副産物の一つに数えられるでしょう。

このように、直系家族制度の確立で、相続から除外された次男・三男が修道院や騎士団や傭兵部隊として一カ所に集まり、略奪したり、居すわったり、戦争のきっかけをつくったりしたわけです。全部が全部、直系家族の影響だとは言いませんが、歴史に大きな影響を与えたことは間違いないでしょう。

?4 英仏百年戦争が起きたのはなぜ？

■英仏百年戦争と直系家族

ヨーロッパの中世を終わらせたといわれる英仏百年戦争（一三三七－一四五三年）、そこでも直系家族は深くかかわっていました。

百年戦争の原因の一つは、土地の領有問題です。

イングランドは、一〇六六年にフランスのノルマンディー公ギヨームによって征服され、ギヨームはイングランド王ウィリアム一世となります。ノルマンディーというのはすでに述べたように、ヴァイキングの首領ロロが西フランク王のシャルル三世から土地を貰って建国した公国ですが、イングランドの王位継承問題に介入して、アングロ・サクソン王朝をヘイスティングの戦いで打ち破り、イングランド王となったのです。

イングランド王となったギヨームは、本来はフランスの貴族ですから、フランスにもノルマンディーを残しています。当然、その地もイングランド領となりましたが、ギヨームはフランスにおいてはフランス王の臣下なので、フランス王の干渉を排除できません。こうしたややこしい関係がさらに複雑になったのは、南仏の巨大な公国アキテーヌの跡取りだったアリエノール・ダキテーヌという姫さまがいったんフランス王ルイ七世に嫁ぎながら離婚してアンジュー伯アンリと再婚したことによります。というのも、アンリは相続によりイングランド王ヘンリー二世となったため、大陸にアキテーヌ、アンジュー、ノルマンディーというイングランド領が誕生し、イングランドと合わせてアンジュー帝国を形成したからです。その結果、領土問題で一二世紀から英仏の戦いが起こり、それがカペー朝の後継問題で英仏百年戦争に発展したのです。

■前線で戦った傭兵部隊の担い手

では、これが直系家族とどう関係していたかというと、イングランドとフランスの戦争の前線で戦ったのが、直系家族地域出身の傭兵部隊だったからです。傭兵を構成しているのは、ドイツ、スイス、スコットランド、スウェーデンなどの直系家族地域出身者が多く、ヨーロッパ全域の直系家族化の進展で傭兵志願者はますます増えていったのです。

イングランドは、一三世紀末からスコットランドにも侵略を試みますが、スコットランドもまた直系家族地域なので、征服地からは傭兵がたくさんリクルートされます。

ところで、傭兵というのは金で雇われているのですから、金の切れ目が縁の切れ目でどちらの陣営でも金のある方に転びます。ですから、王に金があるときは忠誠を誓うのですが、金がなくなると、給料代わりに雇い主の領地を略奪して歩くという困った存在でした。そのため、傭兵に払う金が王になくなると、戦闘は中止になります。そして、金がどこかで借りられるとまた傭兵を雇って戦闘再開となります。英仏戦争がだらだらと一〇〇年も続いたのは、その主体が傭兵であったがためなのです。

このような意味で、百年戦争に至るヨーロッパの争乱は、直系家族地域出身者が傭兵となって金次第でどちらにも転んだことがために長引いたといえるかもしれません。

■「平等主義」に向かうパリ盆地の人びと

さて、百年戦争は一四五三年に終わり、現在につながる英仏の国境がほぼ定まります。

フランスは、エクサゴーヌ＝六角形の国土をイングランドから取り戻すことによって、国家的統一に向かいます。支配階級は直系家族化していますが、フランス王国の中心であるパリ盆地では、すでに述べたようなオープン・フィールドの大土地所有が中心で自作農が少なかったため農民の直系家族化が起こらず、核家族に止まりますが、農民たちは直系家族の王侯貴族の「不平等」に抵抗する形で、「平等主義」傾向を強めていきます。そこにガロ・ロマンの平等主義の影響やフランク族の平等分割の名残を認めることができるかもしれません。

いっぽう、イングランドは、フランスに持っていた土地をすべて失い、ブリテン島に閉じこもります。こちらも、上層階級は直系化していますが、下層の農民は、こちらも大土地所有で自作農が少なかったため、核家族にとどまります。その核家族においてはアングロ・サクソンの絶対核家族が影響を及ぼし、支配階級の直系家族の「権威主義」に絶対核家族の自由の形態を対置させて特化させていきます。

フランスとイングランドとで、表われ方は違いますが、民衆のこうした反応は、心理学では「反動形成」と呼ばれるものです。

トッドは、イタリアの歴史家ホイジンガの著作『中世の秋』の書名を引きながら、「中世の秋とは、家族システムが最終的に結晶化する時期ということになるだろう。イングランドの家族は、純化された核家族性に向かうその動きを始める。直系家族は現実的にフランス南西部およびゲルマン空間の特徴となって行き、平等主義核家族はパリ盆地の特徴となって行く」(『家族システムの起源』)と記しています。

百年戦争の時期に血なまぐさい時代の表舞台のもとで、家族類型の原理は静かに定着していったということでしょう。

結晶化した家族類型が相互に影響を与え合い、国民国家というものを結晶化させていくことになります。

5 ルイ一四世が中央集権国家を築くことができたのはなぜ？

■中央集権化を完成させたルイ一四世

英仏百年戦争の勝利と、ルイ一一世による執拗な領土拡大政策によりフランス王国の国土がエクサゴーヌとしてほぼ確定したのがヴァロワ・アングレーム王朝の開祖フランソワ一世が即位した一五一五年だとしますと、フランスはそれからほぼ一五〇年後のルイ一四世治下で中央集権化を完成しています。

しかし、フランスが置かれていた条件を見ると、中央集権化はある種の奇跡のように見えるのです。というのもエクサゴーヌは、政治形態のみならず、言語も文化もまったく異なるバラバラな地域の寄せ集まりでしかないからです。今日、フランスの多様性と呼ばれるものがそれですが、では、いったいフランスはなにゆえに、宗教戦争とフロンドの乱という内戦を乗り越えて中央集権化に成功したのでしょうか？

これまでの歴史学では、プロテスタントの王でありながらカトリックに改宗してフランスの統合を推し進めたアンリ四世と、その息子のルイ一三世の宰相となったリシュリュー枢機卿が強力に王権の強化と中央集権化を推し進めたからだとされていますが、私はここにも直系家族の影響を見たいと思います。

■官職売買に殺到したブルジョワたち

その始まりは、イタリア戦争を始めたフランソワ一世が傭兵を雇うための財源を確保する目的で官職の売買を解禁したことに求められます。官職売買は、財務官僚から始まり、次第に高等法院の司法官僚へと広がっていきますが、この官職売買に殺到したのが、ほかでもない直系家族地帯のブルジョワたちだったのです。

百年戦争開始前、フランスの国土はイル・ド・フランスとその周辺のパリ盆地に限られていましたが、ここの家族類型は平等主義核家族ですので、次男・三男にも財産は平等に分与されます。ところが、百年戦争とルイ一一世の努力で新たにフランスに加えられた新規領土の多くは直系家族地帯でした。いいかえると、それまで直系家族と無縁だったフランスに直系家族的な風俗習慣・思考を持つ人達が入ってきたわけです。

これらの直系家族地帯の裕福なブルジョワは、官職売買が解禁されたことに目をつけて、長男には自分の商売の跡を取らせておいて、次男以下に官職を財産分与として買い与えます。

すると、やがてアンリ四世の時代に施行されたポーレット法で買い取った官職が相続可能となると、官職についたブルジョワの次男・三男はこれを自分の長男に相続し、次男・三男には別の官職を買って与えることになります。そして、これが一五〇年間繰り返された結果、売買可能な官職の多くは直系家族地帯のブルジョワに買い占められてしまいます。

これらの官職購入者は高等法院の司法官僚を長くつとめると貴族となることができましたので、ここに法服貴族と呼ばれる新しい階層が誕生したのですが、これらのほとんどはルーツをたどれば直系家族地帯の出身でした。そして、直系家族特有の教育熱心、親に忠実、勤勉で禁欲的というメンタリティを持っていましたから、官僚としてはきわめて優秀で、王にも忠実に勤務することとなったのです。ひとことでいえば、フランスは新規領土として直系家族地帯をかかえ込んだのですが、これが官職売買という制度とジャスト・フィットしたために、強力な中央集権官僚組織を形成することができたのです。

■三男の野望が見え隠れする『三銃士』

ところで、官職売買は財務官僚や司法官僚ばかりではなく軍隊においても行なわれていました。大佐や大尉は売買可能で、財力ある人の息子ならたとえ臆病者でも大佐や大尉になれたのです。そのため、直系家族地帯からは軍職にも野心的な若者が殺到してきました。そんな一人が、ガスコーニュという南仏の辺境の直系家族地帯の貧乏貴族の三男に生まれたシャルル・ド・バッツ・カステルモール通称ダルタニャンで、同郷の先輩トレヴィルの世話で王の銃士隊に入ると他の三人の銃士ポルトス、アトス、アミラスの三銃士と友人になります。このダルタニャンの回想録に潤色して波瀾万丈の物語に仕上げたのがアレクサンドル・デュマですが、ここにもまた周辺部分の直系家族の次男以下が野心を秘めて中央の官僚組織で出世を狙うという構図が見てとれるのです。

そう、フランスの中央集権化は新規獲得領土の多くが直系家族地帯だったがためなのです。

6 フランス革命が起きたのはなぜ?

■「人間は生まれながらにして自由かつ法の前で平等である」

このようにエクサゴーヌ周辺部の直系家族地帯のブルジョワや貴族の次男・三男が官職売買を媒介にして官僚組織のピラミッドを駆け上がり、支配階級として中央に君臨するようになると、直系家族特有のメンタリティが生じて官僚組織は硬直化しますが、これに対して平等主義核家族のパリ盆地の民衆が反乱の狼煙を上げたのがフランス革命であると考えることができます。

一八世紀のルイ一五世治下には、フランスの、なかでも都市化したパリの住民の間では、不動産に縛られず、動産しか財産を持たないがゆえに「自由」と「平等」の原理を有する精神構造が広まっていきます。平等主義核家族の家族原理は無意識下に保存されていたのです。

ルイ一六世(王妃はマリー・アントワネット)の王政に対する市民の反乱であるフラ

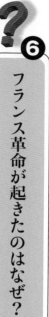

ンス革命は、一七八九年七月一四日のバスティーユ監獄の襲撃が発端とされています。これを機にフランス全土で暴動が発生し、憲法制定国民議会が封建制度の廃止を決定して、人権宣言を採択します。

その第一条に、

「人間は生まれながらにして自由かつ法の前で平等である」

と記されています。

キリスト教の教義においてはすでに自由と平等は謳われていました。宣言を起草したラファイエットは、先行するアメリカ合衆国憲法（一七七六年）なども参照したといわれていますが、フランスの公的な文書のうえで自由と平等が明記されたのはこれが初めてです。そうして、王政は廃止され、共和政が敷かれることになります。

自由、平等、共和主義、すべて平等主義核家族の原理が母体となっているわけです。

トッドは、フランス革命の要因としてさらにいくつかの理由を上げています（『新ヨーロッパ大全』）。

■フランス革命時のパリの男性識字率は五〇%超

ひとつは、一七八九年の時点で、パリの男性識字率が五〇%を超えていたことです。読み書き能力を得ると、人は知識と思想を獲得します。革命という夢を後押しするイデオロギーを共有したわけです。社会変革のための思想的準備が整う基準は「男性の識字率が五〇%を超えること」だとトッドは述べています。

しかし、これだけでは十分ではありません。フランス革命について少しでも研究したことのある人ならすぐにわかると思いますが、フランス革命はかなり徹底した反カトリック、反キリスト教の革命でした。この要素をどう説明するか?

トッドは、平等主義核家族に特有の脱宗教化の早さをあげています。この家族類型であるフランスのパリ盆地は最も早く脱宗教化した地域で、十八世紀半ばには多くの人々が日曜に教会に行かなくなっています。パリ盆地は識字率の点ではフランス周辺の直系家族地域に劣りますが、この脱宗教化の早さが北から伝播した識字化の波と連動したときにフランス革命が起こったといえるわけです。これに対しては、スペインやポルトガルの平等主義核家族地域が強固なカトリック地域であり続けたことを挙げて反論をする人がいますが、トッドはこれらの地域でも脱宗教は早かった事実を指摘すると同時に、現在の脱宗教化の進み方の早さも傍証としてあげて自説の正しさの証明としています。

さらにいうなら、フランスが受胎調節の開始で他の国に先行したのも、脱宗教化の早さが、北から伝播した識字率の波とクロスした結果だと説明しています。

■パリ革命への強い抵抗

ところで、このように、パリ盆地は北（直系家族地帯）からの識字率伝播の波の影響を受けやすいということのほか、反作用としての影響も被りやすいという特徴があります。

それは、パリを中心に広がっていた革命の気運に対して、フランス周縁部（直系家族地域）から、強い抵抗があったことです。これは、一般には高等法院の反乱とされますが、高等法院というのは前章で述べたように周辺部の直系家族出身者の牙城ですからその権威と差異に基づく縦型の原理は、パリ盆地の平等主義核家族の自由、平等の原理とはまったく容れることができず、強い抵抗を示したのです。すると、このことが逆に、パリ盆地の平等主義家族類型の人々に、革命思想を明確に打ち出すよう促し、暴力的なまでの行動へ導いたというわけです。

こうしたフランス革命の遠因となるパリ盆地の平等主義核家族原理と周辺部の直系家

族原理との対立は、フランス革命で決着がついたわけではなく、その後も延々と、なんと今日にまで引き継がれているとトッドは指摘しています。フランスの現代史とは、この二つの原理のどちらに重心が移動したかによるというのです。フランスの現代史はフランスの地理（家族類型の分布）の反映というのがトッドの理解です。

二〇〇五年のパリ郊外の暴動（アフリカ系の若者三人が警察に追われて変電所へ逃げ込み感電死したことを契機に起きた暴動）も、これで説明できるかもしれません。その暴動に関して、トッドは、「レポルト（反乱）を通じて政治的意思を実現する手法に、仏社会は無意識のうちに寛容だ。（中略）伝統的に個人主義的な平等意識が強い仏社会には一種の固有文化ともいえる現象なのだ」（朝日新聞・二〇〇五年一二月二日）と述べていました。また、シャルリ・エブド事件に際しては、「わたしはシャルリ」というプラカードをかかげた民衆がレピュブリック広場に集まったのは、伝統的な平等主義核家族の水平原理ではなく、直系家族的な党である社会党の縦型原理に拠るとして物議をかもしました。

7 イギリスで産業革命が起きたのはなぜ？

イングランドが産業革命をリードできたのは、ここが「絶対核家族」地域であることによります。

イングランドの寒冷で乾燥した気候は羊の育成に適しており、イングランドは古くから羊毛の産地として知られていました。しかし、その加工技術は、オランダやフランドルのほうが高く、原料としての羊毛はそこへ輸出されました。羊毛産業が振興するこのオランダやフランドル地方をフランスが支配しようとしたことも百年戦争の一因だったのです。フランス統治を嫌って、イングランドに渡った職人も多かったようです。オランダも絶対核家族社会ですから、イングランドと相性がよいのかもしれません。

■ドライな親子関係が賃金労働を拡大

一六世紀に入って、羊毛産業はさらに興盛をきわめます。

イングランドでは需要に応えるべく、農地や入会地（共同作業地）を囲い込んで牧羊地に変えてしまう動きが盛んになりました（エンクロージャー・ムーヴメント）。農民は仕事を奪われましたが、かわりに、羊毛加工の工場で賃料をもらって働くようになります。

以上は、世界史の教科書で説明されてきたことでだれでも知っています。

しかし、ケンブリッジ・グループの研究により、イングランドの農民はエンクロージャー・ムーヴメントが起きる前から、つまり中世の時代から、封建領主の大土地所有により、小作人や農業労働者となる比率が多く、自作農として土地を所有することが少なかったため、核家族になるケースが多かったことがわかりました。つまり、核家族であるため、親の庇護から脱する比率が高く、また親子関係（相続）も金銭を媒介にしたドライなものになっていました。

この親子関係の金銭媒介的なドライさがあったため、エンクロージャー・ムーヴメントが起こっても農民はそれほど反発することなく、農業労働者から羊毛加工工場の賃金労働者となることができたのです。家から早く独立し、親子関係もドライだという「絶対核家族」の指向が、工場労働者の大量供給を後押ししました。逆の見方をすれば、賃金労働の拡大が、イングランドの絶対核家族化を加速させたとも言えます。

土地に縛られることなく、移動も自由なこうした「個人」の労働者が、イングランドの産業革命の稼働力になったことは、トッドの師であるアラン・マクファーレンがすでに明らかにしていることでした。

■株主資本主義がアメリカで大発展した理由

また、一六〇〇年に「株式会社」の先駆である東インド会社が設立されましたが、このジョイント・ストック・カンパニーという理念も人間関係の情緒的な貸し借り関係を金銭だけのドライな関係に転換してしまう、絶対核家族の理念が多分に関係しています。なにしろ、絶対核家族においては親子間相続でさえ金銭を媒介にした売買関係にしてしまうという伝統があるのです。株主資本主義がイングランドからアメリカに渡って大発展を遂げたのにはちゃんと理由があるのです。

しかし、ここに大きな矛盾があります。それは、資本主義の発達にはなるほどイングランドの絶対核家族の自由、独立、競争の原理が向いていますが、しかし、それだけで一八世紀に、とりわけ七年戦争でイギリスがフランスに競り勝って世界の覇者となったことの説明はつきません。なぜなら、教育には不熱心な絶対核家族では知識の集積というテイク・オフに不可欠な要素が欠如しているからです。

しかし、一八世紀の最初に、この欠如を補うに足る事件が起きました。

それは一七〇七年に、イングランドとスコットランドが同君連合（同じ君主を擁する複数国の連合）を組み、グレート・ブリテン王国＝イギリスを成立させたことです。

■スコットランドの直系的知性

トッドは、スコットランドという直系家族の地域に蓄えられた知識が、イングランドに大きく寄与したと見ています。直系家族は、長男の嫁をキーパーソンにして、知識の蓄積、継承が行なわれやすい家族形態です。そうした直系家族で育まれたスコットランドの知性には、哲学のヒューム、トマス・リード、経済学のアダム・スミスらの「スコットランド啓蒙」と総称される知識人たち、および蒸気機関のジェームズ・ワット、電話のグラハム・ベル、ペニシリンのフレミング、ゴムタイヤのダンロップなど偉大な発明家、またキーツ、スコット、コナン・ドイル、スティーブンソン、ボズウェル、カーライルなどの文学者など枚挙にいとまがありません。

つまり、同君連合でグレート・ブリテンを成立させたことで、スコットランドの直系家族の知性と絶対核家族の自由、独立、競争の冒険精神が結合して偉大なるイギリスの十八世紀を用意したのであり、もし、どちらかが欠けていたとしたら、十八世紀はイギリスの世紀とはならなかったにちがいありません。

現在、スコットランドの分離独立が話題になっていますが、二つの国が別れたら、どちらもうまくいかなくなることは明らかですから、いっそ、トッド理論で説明して分離を回避させたほうがいいかもしれません。この同君連合ほどトッド理論の切れ味を見せてくれる例はないのですから。

では、ドイツはというと、ここは全国的に直系家族社会ですから、権威主義の縛りから多少なりとも抜け出して、資本主義を受け容れるまでにはずいぶん手間取りました。日本はさらに後塵を拝します。

しかし、直系家族社会には、排除された次男・三男という余剰人材がいます。彼らが、傭兵部隊や修道院ではなく、工場労働者などとして働き出すことによって、資本主義のベースが敷かれます。そうして、彼らは、資本主義の冒険精神も取り込んで、ついには、リスクテイク必定の市場経済を担っていくことになるのです。

8 ヒットラーが誕生したのはなぜ？

■ナチズム発生を解明する要因

第一次世界大戦（一九一四〜一九一八年）のあとにヒットラーのような人物があらわれたのは、ドイツが直系家族であることから簡単に説明する人もいるようですが、私はそのような解釈はとりません。というのも、直系家族というのは縦型の権威主義と不平等を原則としますが、この二つの要因からだけではファシズム、なかんずくナチズムを解明できないからです。

むしろ、直系家族の縦型の権威主義と不平等原則は、プロイセンや江戸時代の日本のような旧套墨守の極端な保守主義や、地域分権型の自民族中心主義に直結します。直系家族は、ファシズムやナチズムのような統合的、盲目的全体主義とは親和的ではありません。

しかし、ファシズムやナチズムがドイツや日本のような直系家族地帯で発生したというのは紛れもない事実ですから、これを説明しなければなりません。

トッドは言っていませんが、思うに、ファシズムの発生の背景には、直系家族の強化ではなく、解体という状況があります。

ドイツの都市部では一九世紀後半から核家族化が進行していました。資本主義化が進み、主産業は農業から工業・商業に移って、人びとは一労働者として都市に住み働くことが多くなりました。都市部では、土地や家と結びついていた直系家族的な三世代同居（親―子―孫）は難しくなります。

そのとき、直系家族の解体は非常に痛みを伴ったはずだとトッドは見ています。土地と家に結びついた人々が根こぎ（デラシネ）にされるわけですから、解体の痛切さは核家族の比ではありません。いま、「根こぎ（デラシネ）」という言葉を使いましたが、これはフランスの直系家族地帯ロレーヌの若者たちが地元を離れて、パリで孤独な群集となっていく現象を指すために、モーリス・バレスが『根こぎにされた人々（V．デラシネ）』という小説で使った言葉です。

ところで、農村から都市にやってきて賃金労働者となった直系家族第一世代も根こぎされますが、第二世代は別の解体に見舞われます。それは、構造体として権威を保っていた父親の権威が都市労働者となったために弱体化することです。

直系家族では、父親に実際の権力はなくても、権威はあるとされています。資本主義と都市化の時代に入って、個人の自由の意味を知り始めた直系家族の息子は、ハリボテの権威である父親に反感をいだき始めます。父親の不在が続いたりすると、父親に同化すべき男の子の、アイデンティティの獲得の機会を失ってしまいます。

■「お母さん大好き」のマザコン息子だったヒットラー

直系家族地帯であるオーストリアで生まれ育ったアドルフ・ヒットラーも、このような時代の激変にさらされた青年の一人でした。

ヒットラーの父親は小役人で、都市部移住の直系家族の父親の典型として、権威がないのに権威があるように振る舞う空威張りの人でした。ヒットラーは「お母さん大好き」のマザコン息子でしたので、大嫌いだった父親が死ぬと、家を離れて自由な風来坊生活を送ります。ウィーンで自称画家になりますが、売れなくてミュンヘンに移ってもあいかわらず食い詰めているときに、第一次大戦が起こり、志願してドイツ軍に入ります。その軍隊で、敗戦を経験した衝撃がその後のヒットラーの方向を決めていくわけです。

というのも、直系家族においては、父親の権威に反発しながらもこれを承認することで大人になっていくのですが、家族の解体により、アイデンティファイする対象をあらかじめ失っている直系家族の息子、とりわけ次男・三男は、父親の延長ではない大きく飛んで離れた遠方の存在、スーパーファーザーのような存在を求めてしまうのです。解体期の直系家族に特徴的な不安、といえるでしょう。ヒットラーもまた、そのような不安をいだいていたのかもしれません。

トッドは、こうした時代の変容のなかにある直系家族の子の心性を、こう解き明かしています。

「権威という理想の中で育った個人が、ただ一人で都市的な生活様式の中に入って行く。しかしその生活様式は、家族的理想の具体的実現を許してくれない。世帯はもはや個人に安心感を与えることがない。国家や政党が個人を呑み込み、心の平安を返してやらねばならなくなるのである」（『新ヨーロッパ大全』）

■権威ある母親のもとで幻想の父親はつくられる

ところで、直系家族の解体期にある息子の場合、アイデンティファイすべきスーパーファーザーというのは、不思議なことに、畏怖を与えるような完全に男性的な父親ではなく、不安を癒し、励ましてくれる母親的な要素を含んだ父親でなければならないということです。私は、父系での遡行が行き止まりになっているために母系で遡行しなければならないためと考えていますが、この母系遡行が起こるのは、直系家族特有の母親の潜在的な権威（長男の嫁としての地位の高さ）のためではないかと想像しています。権威ある母親をもとに幻想の父親がつくられていくのではないでしょうか？

このことはトッドがまだ言っていないことですが、私がヒットラーの伝記を読んだ限りではそう思えます。

■直系家族に特有の「忖度」の習慣

また、直系家族国家においては、いったんヒットラーのような独裁者が生まれると、だれもこれに逆らうことなく、国民が打って一丸となりファシズム体制を完成してしまうのは、直系家族に特有の「忖度」の習慣のためではないかと思います。これについては、イアン・カーショーが『ヒトラー』で指摘している次のような言葉が参考になると思います。

「ヒトラーの個人的支配は、下からのイニシアティヴを誘発し、ヒトラーがゆるく規定する目標と一致するかぎり、そうしたイニシアティヴを後押しした。（中略）このことは、競合しあう諸部局のあいだでも、そうした諸部局の個々人のあいだでも、つまりは体制のあらゆるレベルで猛烈な競争を生んだ。第三帝国というダーウィニズムの密林では、『総統の意志』を先んじて実行し、ヒトラーが目指し望んでいると思われることを進めるべく。命じられる前にイニシアティヴを発揮することが権力と出世の道だった。ナチ党の幹部やイデオローグにとっても、親衛隊の『権力テクノクラート』にとっても、『総統の意をくんで働く』というのはまさに文字通りの意味だった」

ことほどさように、直系家族から直接的にファシズムが出てくるわけではないのですが、いったん独裁者が出てしまうと、直系家族は、権力者の意をくむ「忖度」の習慣が強いので、あっというまにファシズムに転化してしまう確率が高いのです。

この意味で、籠池問題で話題になった官僚たちの忖度こそ、もっとも危険なファシズムの兆候なのです。

9 世界初の共産主義国ソ連が誕生したのはなぜ?

■軍隊に最適な家族の形態

中国と並ぶ現代の独裁君主帝国ロシア。その前身であるソ連が、世界で初めての共産主義国家となりえたのはなぜでしょうか。

それには、外婚制共同体家族由来の「帝国化傾向」と直系家族起源の「知力」、二つの要素が関係しています。

直系家族社会であった春秋戦国時代の小邦群と、何度も戦いを交えた匈奴(フン族)などの遊牧民は、直系家族の原理と接触したことによって自分たちの起源的核家族形態を変容させていきます。大規模な親族集団の平等な立場での連帯、ここに直系家族的な強大な権力者を据えることで、統率力は増します。外婚制共同体家族の形態を確かなものにしていったわけです。この形態は言わば軍隊には最適です。絶対的な命令系統を持ち、平等に力を合わせて戦う戦闘要員が大勢いるわけですから、戦争には強くなります。

フン族のアッティラも、遊牧民モンゴルのチンギス・ハンも、この外婚制共同体家族の原理を最大限に生かして、ユーラシア大陸の大半を占める巨大な「帝国」をつくり上げました。

外婚制共同体家族は兄弟どうしが平等、とはいっても、父系ですから男性優位で、平等なのは男の兄弟どうしだけであって、その妻たち、妹たちといった女性の地位は低く抑えられています。女性がある地域の外婚制共同体家族から別のそれにお嫁入りすると、そこには大人数の親族が待ち構えています。たいへんなストレスとなりますから、何も知らない幼い女性のほうがむしろ適しています。外婚制共同体家族の女性の結婚年齢が低いのはそういうわけなのです。当然、女性の識字率は低くなり、知識が蓄積継承されていくこともありません。

そのため、外婚制共同体家族はときに短期間で広大な帝国を築きあげますが、長続きしないという特徴があります。それは女性の地位が低く、識字率も低く出るため、知識蓄積の要である母親の教育機能が正しく発揮されないからなのです。

もっとも、現在のロシアは外婚制共同体家族国家ですが、例外です。女性の結婚年齢は高く、識字率も高いのです。これは、ロシア北西部（旧ノヴゴロド公国地域）がバルト海を介して、スウェーデン、ノルウェイ、ドイツの直系家族の影響下にあったからなのです。

ノヴゴロド公国は、共同体家族国家のモンゴル帝国とその後身であるキプチャク・ハン国の統制下に長らくあったモスクワ大公国に一四七八年に滅ぼされますが、直系家族の原理はその後も保存されました。一八九七年の時点で、ロシア北西部の二〇代の「女性識字率」は九〇％でした。

遊牧モンゴル由来の共同体家族の原理だけならば共産主義国家にはなりえなかったかもしれません。バルト海経由の直系家族の原理、つまり、識字化を経て知識を得、イデオロギーを人々が共有しうるという要素があったために、ロシア革命（一九一七年）は起き、ロシアは、世界に先駆けて「共産主義帝国」＝ソ連を成立させえたということでしょう。

■「帝国」ではなかったドイツ帝国と大日本帝国

ところで、帝国といえば、かつて、ドイツは、ドイツ帝国、日本は、大日本帝国を名乗っていたことがあります。しかし、私は、これらの「帝国」は本当の意味での帝国ではなかったと思っています。

直系家族社会は、これまでみてきたように、原則的には小邦分立という形を好みます。

ドイツも、一八一五年から一八六六年までドイツ連邦という形を採っていた三五の領邦と四つの自由都市からなる緩やかな連合体です。それ以前の神聖ローマ帝国統治下の時代も各領邦の自治権は高く、現在のドイツ連邦共和国にもその伝統は残っています。

ドイツ「帝国」というコンセプトは、普仏戦争に勝利したプロイセン王国の宰相ビスマルクが、自国主導でドイツを統一するために考案したものです。イギリスやフランスが国民国家として統一され大国になっていくヨーロッパ情勢のなかで、ドイツも統一された大帝国になるべきだと考えたのかもしれません。「外的要因」が帝国願望を刺激したのでしょう。

ビスマルクは、国民を統べるための「象徴」として、新たに設けたドイツ「皇帝」の地位にプロイセン国王を就けます。神聖ローマ帝国の皇帝のイメージの再現です。

日本の場合もこれに似て、黒船という「外的要因」で開国を余儀なくされ、大日本帝国の統一の「象徴」には、天皇を招喚します。

しかし、ドイツは、三代皇帝ヴィルヘルム二世の失策で第一次世界大戦を誘発してしまい、敗戦後にナチズムの台頭を許すことになります。日本は、満州への進出など帝国的な版図拡大をはかりますが、最終的には収拾をつけられず第二次大戦に突入してしまいます。

■まがいものの帝国がおかしたあやまち

ドイツ帝国、大日本帝国は、結局まがいものの帝国で、そのまがいもの性ゆえに、世界史上では大きなあやまちをおかしてしまったということかもしれません。

モンゴル帝国、ロシア帝国、そして共産主義帝国としてのソ連と現在のプーチン独裁のロシア、中国。名実ともに「帝国」を築くことができるのは外婚制共同体家族の国家しかありません。

ただし、中国の未来予測のところで後述しますが、外婚制共同体家族から生まれる帝国には、ひとつの大きな弱みがあります。それは、いったん、権力者である父親が死ぬと家産が息子たちの間で平等分割され、大家族は解散するという習慣があるからです。つまり、独裁者が倒れた後には、権力は平等分割されますが、それはときに政治の混乱を招き、群雄割拠になるか、さもなければ帝国の大瓦解が起きるということなのです。ソ連崩壊後の大混乱は、外婚制共同体家族だからこそ起こり得た現象であり、中国がそうならないとは誰にも保証できないのです。

10 イギリスが失速し、ドイツがナンバー1になったのはなぜ？

■三つの分布データと先進地

一九世紀半ばまで世界一の産業国であったイギリスが、二〇世紀に入って凋落し、ドイツに取って代わられたのはなぜでしょうか。

イギリスは、一八世紀半ばに、北米の主要部（現在のアメリカ合衆国）とインドという、大きな市場と原料供給地を手中におさめ、一八二〇年代には世界の工業生産の半分を占めるまでになります。

フランスで産業革命が始まったのは一八三〇年代、ドイツでは一八四〇年代です。トッドの『世界の幼少期』に、興味深い分布データが引かれています。

(1) 鉄道普及度が高い（人口一〇万人あたりの鉄道距離が三五〇㎞を超えている）地域を工業化先進地の指標とみなすと、一八六〇年頃に先進地であったのは、イギリス、ベルギー、スイスのみ。フランスもドイツもここに入っていません。

(2)　一方、一八五〇年頃の識字率のデータを見てみると、七〇%を超えているのはドイツ、スコットランド、スウェーデン、ノルウェイなど八カ国で、イングランドやフランスは入っていません。

(3)　さらに、一九七九年の国民一人あたりの生産額が一万ドル以上の国を見てみると、ドイツ、スウェーデン、ノルウェイなど七カ国で、イギリスやフランスは含まれていません。

(2)と(3)のデータは相似しています。つまり、一九世紀半ばに世界一の工業国であったイギリスは、遅れて工業化したドイツに、一〇〇年後には負けたということです。ドイツの勝因は(2)にみられる識字化の早さにありました。スコットランド啓蒙を得ても、イギリスはドイツの「知」の地力に勝てなかったということです。

■長く走り続けられる「知」の家族

イギリスはかつて自動車大国でした。高級車のロールスロイス、大衆車のオースチン、世界中の憧れの的だったものです。しかし、最終的にはドイツや日本に負けています。

絶対核家族の「冒険」精神は、短いスパンの勝負、リスクテイクには向いています。しかし、長い目でみると、直系家族の「知」に圧倒されてしまいます。歴史上の一番手にはなれなくても、直系家族は、知の蓄積をエネルギー源にして、速く長く走り続けられるわけです。

国が正しく発展するためには、まず、資本主義的にリスクテイクをする冒険家的な人間がある一定数必要です。その一方で、子どもたちには、時間をかけて知識の習得をさせる、高等教育を受けさせることも必要です。その両方がうまくブレンドされていなければなりません。

ですから、イギリスでスコットランド分離が実現したら、イギリスの再浮上は未来永劫にないかもしれないのです。

11 第二次世界大戦後、ドイツと日本が復興できたのはなぜ？

第二次大戦の敗戦国であるドイツと日本が、戦後急速に国力を回復できた理由はどこにあるのでしょうか。

それは、直系家族のなかの「知」のキーパーソンともいえる「長男の嫁」にあります。

■長男の嫁に付けられた厳しい条件

直系家族の長男と結婚する女性には厳しい条件が付けられます。

直系家族の長男は家を背負っています。親から引き継いだ財産を目減りさせることなく守らなくてはなりません。同居する複数の世代との人間関係があり、財政管理があり、そしてなにより、次の長男を再生産して、家系を連続させていかなければなりません。伴侶となる女性には、むろん相性のよさも必要でしょうけれども、むしろビジネス・パートナーとしての手腕こそが求められます。

具体的な条件を挙げてみましょう。

●夫との年齢差は接近しているほうがよい

結婚した段階では、独身の次男・三男、女の姉妹たちがまだ家族として同居しています。義姉となった人が自分たちより年下だったりすれば、弟たち妹たちは軽く扱ってしまいます。一家の主となる夫自身の威厳も下がってしまうでしょう。必然的に、結婚年齢は高くなります。

●夫とほぼ同等の知識、あるいは知識を受容し理解する力を持っていなければならない

夫の役割の第一義は、直系家族の主としての威信を保つこと、いわば外交です。実務的な内政は妻が担うことになります。お金・食糧・家財の管理、家風の維持、家事の切り盛り、家業の手助け、いずれも、知力が不可欠の仕事です。

●人さばきが巧みでなければならない

義父・義母、義弟・義妹、場合によっては義理の祖父・祖母、世代の違う多人数の家族とつきあっていくタフネスが必要となります。特に義母＝姑とは、相手も自分と同じように嫁いできて手の内がバレていますから、厄介な対峙をしなくてはなりません。「嫁姑バトル」は不可避となります。

以上を総合すれば、「インテリジェンス」が必要ということになります。直系家族社会で、女性の結婚年齢が高く、識字率も高いことはトッドも指摘しているところです。そうして、直系の連続性を考えるならば、自分の子供たちに対しては「教育熱心」になります。余裕があれば、いずれ家を離れる義弟・義妹たちにも教育をほどこします。知識が「蓄積」され、「継承」されていくわけです。

■文部科学省軽視で進む日本の教育「改悪」

ドイツや日本のような直系家族国家が、ゼロからの出発だったにもかかわらず、経済振興力、復興力を持っていたのも、こうした知的地力がベースとなっているからこそ、と言えるのです。

しかし、現在、教育熱心だけが発展の支えだった直系家族の国・日本で、経済格差の広がりゆえに、格差のついた階級では教育投資が不可能になりつつあります。これは由々しき問題ですが、国家が文科省を軽視していたツケがたまって、文科省に二級の役人しかいません。そのため、どんなに知恵を絞っても教育改革はうまく行かず、改革は常に改悪となるほかありません。直系家族であることを正しく認識して、日本の国力を支えるものは経済ではなく教育であることを改めて学ばなければならないでしょう。

第四章

日本史の謎

■日本は『家族システムの起源』の例証サンプル

トッドは、自らが打ち立てた構造主義的（共時的）家族人類学を、『家族システムの起源』で否定し、歴史軸へ配慮した通時的家族人類学へと方法論的回心を遂げましたが、『家族システムの起源』では、日本だけで一章を設け、詳細な論述を行なっています。

なぜでしょう？

一つは、日本については、速水融氏の先行研究以来、家族人類学の研究者が厚い層を成し、さまざまな研究成果が英語やフランス語に翻訳されているので研究しやすいということがあります。速水融氏は、一九六〇年代前半にベルギーに留学した際、教区簿冊を用いたルイ・アンリによる家族復元法を知り、これを日本の宗門人別帳を用いて応用してやろうと決意。血の滲むような孤独な作業の末に江戸時代に関して偉大なる成果をあげました。その後、研究はお弟子さんたちによって継承され、いまでは家族と人口に関する限り、ヨーロッパと同じくらい色々なことがわかってきています。トッドは読める範囲の日本についての家族研究はすべて深く読み込んでいるようです。

では、なにゆえにそれほど日本についての家族人類学的研究を読み込んでいるのでしょうか？

それは、日本の家族の歴史が、トッドが新しく打ち出した理論モデルを強固に支えてくれると感じているからです。トッドは次のように述べています。

「日本を研究するに当たって、そのサイズの小ささにもかかわらず、私は本書の恒常的な方法を忠実に守るつもりである。すなわち、まず第一段階では、地理的分布の観点から、最終段階における農村世界に関する最近の資料を検討して、そこから何らかの説明的仮説の方向を引き出す。次いで、時代を溯って、古代の資料が何をもたらすかを確かめようと試みる、というだけである」

つまり、日本というのは、トッドの新しい理論モデルにドンピシャリとあてはまるサンプル・ケースだということなのです。

まず、トッドは日本の直系家族に関する研究が速水融氏の登場によって精緻化され、とりわけ、北東部の農村の研究によって、その構造がより明らかにされたと指摘しています。すなわち、基層部に原初的な核家族形態を残しながら、上から直系的な原則が導入されたために、北東部の家族形態は不思議な複合的形態を取るに至ったのだということです。

「速水融によって開始された、日本の農村共同体についての研究の第二波は、ついにこのあまりに見事な単純性［日本は単純で統一的な直系家族であるとする説］を揺り動かすに至る。（中略）日本の北東部に、少なくとも十七世紀において、理論が提示する単線的な直系家族よりも明らかな複合的な家族形態の存在が明らかになった」

日本についてトッドが語っている章は専門用語が多くて理解しにくいかもしれませんが、非常にざっくり言ってしまうと次のようになります。

まず日本列島で最初に確認できるのは、起源的核家族のなかでも最もアルカイックな双処居住型核家族であり、これはトッドの新理論どおり、北海道のアイヌと沖縄にその痕跡を見ることができる。アイヌは横軸（兄弟姉妹の連合）が強く、一時的双処同居あるいは近接居住を伴った核家族という、周縁部にのみ残されている最もアルカイックな家族類型と見なすことができます。沖縄は、双処居住のアルカイック・タイプが中国の父系制と父方居住の影響下で、母系制と母方居住が反動形成された形になっています。

そして、双処居住型核家族の隠れた基層の上に、父系制と父方居住のさまざまなパターンが乗って、地域や環境によってヴァリエーションをつくっていったのが日本列島の家族ということになります。

1　平安時代に藤原一族が権勢を誇れたのはなぜ？

■直系化のルーツは一一～一二世紀頃の畿内

近世以降の日本では、父親に権威があり、相続は長男のみの直系家族社会が主流を成していて、これが明治以降加速されたため、社会そのものが直系的になっています。

この直系化のルーツをたどると、一一～一二世紀頃、院政後期・鎌倉初期にさかのぼります。畿内あたりを中心に農業経済が集約化され始めたことに行き着くとトッドは述べています。これまでみてきたドイツなどと同様、農地の拡大が限界に達して、分割できなくなり、一子相続に移らざるをえなくなったというわけです。朝鮮半島からの弥生文化や儒教伝来などの影響は、父系原則の導入には関係していたかもしれないが、直系化はそれとは無関係に地理的、社会的要請から成り立ったという意見です。

では、直系化する以前の日本はどうだったのか。

日本の古代から院政時代後期、鎌倉時代初期ぐらいまでは、階級を問わず、「双処居住制」でした。新婚夫婦が、夫の親（父方）または妻の親（母方）のどちらかの家に一時的に同居し、しばらくしてまた夫婦二人だけに戻って出ていくというタイプで、「起源的核家族」の一つにあたります。

■サザエさん一家にみる起源的核家族

この双処居住型核家族の痕跡は、漫画『サザエさん』のなかに見ることができます。直系家族であれば、サザエさんはマスオさんと結婚した時点で、マスオさんが長男であればマスオさんの家に入り、マスオさんが次男なら、一家を構えたはずです。そして、カツオ君が結婚したら、波平とフネと同居することになったことでしょう。

ところが、サザエ―マスオ夫妻は母方である磯野家に同居します。母方居住型ですね。漫画が始められたときには、戦後の住宅難で、一時同居のつもりだったのかもしれません。長谷川町子さんの出身が佐賀で、連載媒体が九州のフクニチ新聞だったことも関係あるでしょうが、漫画の読者があまり違和感を抱かなかったことがおもしろい。それだけ日本人は、双処居住になじんでいたことを物語っているのではないでしょうか。

■「妻問婚」という婚姻

『源氏物語』や『枕草子』が書かれた平安時代には、貴族階級は、この古いタイプの核家族の一バージョンである母方居住の名残りともいえる「妻問婚」という婚姻スタイルをとっていました。夫は夜を妻のもとで過ごし、朝には帰っていくという通い婚で、この時代の和歌にも頻繁に取り上げられています。妻問婚で生まれた子どもは、母方の一族が育てます。

ただ、この妻問婚でも、おそらく中国から伝播した父系原則はすでに影響を与えていました。そのよい例が、妻問婚の慣習を利用して天皇家の後見一族となり、権勢を振るった藤原家のクラン形成に見ることができます。自分たちの娘のところへ天皇を通わせ、生まれた息子、つまり次代の天皇候補を藤原一族で育ててしまうわけですが、これには母系ではなく父系の原理が入っています。この父系原則と基部に妻問婚のかたちで残るアルカイックな双処居住制との関係をトッドは次のように要約しています。

「父系原則の導入は、中国の威信によって可能になった。しかし、家族システムがまだ主要部分では双処居住的であったと考えられる日本社会の中で、父系制は補償的母方居住反応を生み出した」

つまり、最初はニュートラルな双処居住制だったところに、中国から父系制が入り込んでくると、そのまま父方居住になるのではなく、反動形成的に、母方居住、つまり妻問婚が採用されたということのようです。

トッドの新理論では、母系原則や母方居住は、スイスの人類学者バッハオーフェンが主張したのとは異なり、両系制的な双処居住制が、父系原則や父方居住の影響により反動形成されたものということになりますから、ここでも新理論の裏づけを見ることができたのでしょう。

■直系家族の象徴たる天皇制は明治以降から

トッドは『第三惑星』においては、天皇制は直系家族社会の象徴、といった発言をしていましたが、これはいまでは修正され、直系の象徴たる天皇制は明治以降の特徴ということになっています。

その証拠に、院政時代の後期（一三世紀前半）よりも前には、天皇家に直系家族的な確かな規定はなかったのです。天皇の弟や皇后に皇位が継承されることがしばしばありました。親―子―孫とタテ一本に相続されるのでなく、弟や妻に相続されてから再び長男に戻る「Z（ゼット）型相続」が頻繁に行なわれていたので、長子相続と決まっていたわけではなかったのです。

?2 織田信長が延暦寺を焼討ちしたのはなぜ？

■どういう人たちが僧兵になったのか

平安時代末期ごろから、延暦寺、興福寺、三井寺などに僧兵が勢力を誇りました。僧兵は僧侶が武装化したものとされますが、奈良時代から戦国時代に至るまでの長い間、社会を揺るがす威力集団として日本の歴史を動かしました。どういう人たちがこの僧兵になったのでしょうか。

それは、直系化に伴って家からはじき出さるようになった次男・三男たちでした。

耕作地がいっぱいになって分割相続が不能になると、家族形態は直系化します。土地と家は長男一人に受け継がれ、次男以下は家を出されてしまいます。農業社会では、農地がなければ働いて暮らしていくことができません。農業以外の安定した仕事口はほとんどないのです。

ここで、家から追い出された次男・三男はどうするのかという問題が発生します。ヨーロッパでは、初期のころの主な行き先は、修道院や傭兵部隊でした。日本の場合、僧兵がこれにあたります。

最初はもちろん僧侶になるために寺社へ入るのですが、そのなかから自衛のために武装する者が出てきます。頭を布でおおい、高下駄を履いて、なぎなたを携える武蔵坊弁慶のスタイルはまさに僧兵です。

僧兵集団を擁した寺社はしだいに勢力を増していき、皇族貴族の用心棒集団として働く一方、彼らにたてつくようにもなります。近畿では、興福寺、延暦寺、園城寺（三井寺）、東大寺、高野山などが力を持ち、寺社どうしで争うこともよくありました。神仏の権威を後ろ盾にしていますから、朝廷も手を出しにくく、院政期に権力を振るった白河法皇（一〇五三〜一一二九年）でさえ、「賀茂川の水、双六の賽、山法師」はままならないと嘆いたようです。山法師とは、延暦寺の僧兵のことです。信徒の寄付寄進で財力もあり、流通の管理まですることもありました。治外法権の独立国家のような存在だったのです。

ヨーロッパでも、聖地エルサレムを守り、キリスト教布教をタテマエとしていた騎士団が、侵略、略奪などを続けて、ついにはドイツ騎士団のように国家をつくってしまうという史実がありました。それと同じです。

逆の見方をすれば、歴史上にそうした集団があらわれたとき、その社会では直系化が始まったと考えられるわけです。

もう一つ、院政期から、隠退したという理由ではなく、成人するとすぐに僧院に入る上層階級の人間が増えてきたのも上からの直系化と密接な関係があります。次男・三男はたとえ天皇家でも僧籍に入るケースが観察されます。

武士階級が勃興するようになると、武士たちとも僧兵は対峙するようになり、戦国時代を通してその影響は衰えませんでした。織田信長は、当時四〇〇〇の僧兵を擁していた延暦寺を焼き討ちにかけます（一五七一年）。これによって、ようやく寺社勢力は衰えをみせ、八〇〇年にわたった僧兵の時代は終わりを告げます。

③「いざ鎌倉」の精神はどこから?

■直系家族が完全に定着したのは鎌倉時代

日本に直系家族が完全に定着したのは、鎌倉時代(一一八五頃〜一三三三年)後半になってからのことです。

源頼朝が幕府を鎌倉に置いたことで、政治の中心は関東に移ります。京都の朝廷のもとにいた武士たちもともに移動し、関東近辺から東北にわたって定着します。武士たちは土地を与えられ、そこで武家社会の規律を守りながら、農耕開墾にもいそしんでいきます。土地をめぐる争いも武力をもってするのではなく、問注所と呼ばれる裁判所が設置されることで落ち着いていきました。

「いざ鎌倉」(=鎌倉の将軍から召集されたらすぐに馳せ参ずる)という言葉に象徴されるように、武家社会は将軍を権威の頂点とする直系家族社会です。家族構成や相続法もそれに準じています。こうした武士階級に、周囲の農民たちも影響を受けるようになります。

もっとも、相続に関しては、武家社会においても最初は分割相続があったようですが、相続による領地の細分化が進むにつれて、長男相続へ一本化されていきました。

直系化は関東では、不思議なほど純化したかたちで進行しました。鎌倉時代には関東は人口も少なく、土地には余裕がありました。不分割長男相続の必然性はなく、次男・三男への相続もありそうなものですが、武士や農民たちは、畿内で完成を見た長男相続の直系家族形態を、純粋な制度としてとり入れました。トッドは「政治に直結した部分は直系化する」という表現をしていますが、関東における直系化には、自然発生的な直系化にしばしば観察される基層（双処居住制）の残存形態がありません。つまり、東北日本の絶対長子制（男女を問わずに長子が跡を継ぐかたち）や、西南日本の末子相続のようなアルカイックな双処居住制の名残が関東では観察できないのです。

こうした純化したかたちでの直系家族の上からの（つまり観念的な）移入は東北の一部の地域でも見られますが、東北ではさらに土地の余剰がたくさんあったために、不思議な家族形態が出現します。それはいわば、先祖返りともいえるようなアルカイックな形の蘇りでした。

「土地が相対的にふんだんにあったため、直系システムの厳密な単線性は、生産阻害的とは言わないまでも全く無用であった。より大きな労働集団の存在は時として必要であり、それゆえ縦型原則に、跡取りの世帯に既婚の弟妹が同居する一時的な横型の集住の可能性が追加されるのである」

このように、同じ直系家族でも、日本では、中部。西南日本の実際型と関東・東北の理念型の違いがあり、それがきわめて興味深いヴァリエーションを生んでいるのですが、基本はというと、基層の双処居住制の核家族の上に直系家族が植え付けられたというかたちです。

ちなみに、私の実家は横浜の片隅の酒屋で、天保年間に本家から分家しました。私が継いでいれば分家の六代目になります。分家というのは、兄弟間で、有能な次男が出たときなどに、限定的に行なわれたようです。うちの場合は本家筋は農民で、分家したうちの祖先は酒屋という商業資本です。商業資本の影響力が強くなったときに、分家というものが多く出始めたのかもしれません。

もっとも、農民を離れて商業資本として分家しても、その分家もまた直系家族になって六代も続いてしまいます。農地から切れた商家の時代になっても、日本全域で、直系の伝統は強くなっていったのです。

４ 徳川幕府が二五〇年間も安定したのはなぜ？

■一〇〇万人都市となった江戸

江戸は、一七〇〇年にはすでに世界一の人口を持つ一〇〇万人都市になっています。これだけ、大都市化が進めば、当然、都市問題が起こってきて、革命騒ぎになりそうですが、江戸幕府は二五〇年間、安定した政権を保つことができました。これはいかなる理由によるのでしょうか？

江戸時代には、社会が安定すると、直系家族からあぶれた者たちが、大都市である江戸に集まってきました。江戸に奉公に出て、細民《さいみん》となっていく。江戸という都市の、異常なまでの人口拡大というのは、参勤交代といったことも十分に関係していますが、江戸の後背地である関東の直系家族化に伴う人口流入が大きな要因と考えられます。北東日本の直系家族の次男・三男は、婿養子になれた者以外は、みな江戸に出て仕事を求めざるをえませんでした。交通機関は徒歩しかなかったと思うのは誤りで、河川交通が縦

図 10「日本の人口の推移」

西暦（年）	時代、元号	人口（人）
紀元前 5200	縄文前期	10 万 6000
紀元前 4300	縄文中期	26 万 0000
紀元前 3300	縄文後期	16 万 0000
紀元前 2900	縄文晩期	7万 6000
紀元前 1800	弥生時代	59 万 5000
725	奈良時代	451 万 2000
1150	平安末期	683 万 7000
1600	慶長 5 年	1432 万～ 1547 万
1721	享保 6 年	3127 万 9000
1792	寛政 4 年	2987 万 0000
1834	天保 5 年	3247 万 7000
1872	明治 5 年	3480 万 6000
1890	明治 23 年	4131 万 0000
1920	大正 9 年	5596 万 3000
1950	昭和 25 年	8389 万 8000
1975	昭和 50 年	1億 1194 万 0000
1995	平成7年	1億 2557 万 0000

上図は歴史人口学者・鬼頭宏氏による日本人口変遷の推計（2000 年）。日本では7世紀の持統天皇のときから全国の戸籍がつくられ文書に残されていたという。10 世紀に途絶したものの、江戸時代には部分的に調査が行なわれ、明治時代には全人口調査が行なわれている。

横に発達していましたから、想像するよりもはるかに楽に江戸に出ることができたのです。しかし、江戸で生計を立て、家族を持つことのできた者は少数で、多くは貧困と病気で故郷に戻ることなく江戸で没しています。そのため、速水融氏は江戸蟻地獄説を立てているほどです。

もっとも、人口学的にみると、直系家族地域は、長男だけが家督を相続するという習慣が長く続くと、必ず人口は減少するという法則があります。一人男の子がいればいいわけで、衛生状態と栄養状態がよくなって、乳児死亡率が低下すれば、必然的に子どもは減っていくことになります。そのため、関東と東北からなる北東日本では、すでに江戸時代中期から人口減少に見舞われ、限界集落が生まれていたのです。

この後背地である北東日本の人口減少こそが、江戸二五〇年の平和をつくった大本なのかもしれません。つまり、江戸の膨張が途中で止まったということです。

いっぽう、西南日本はというと、直系化が早く進行した畿内を除くと、直系家族はさほど広がらなかったようです。前にもいいましたが、もっともアルカイック（起源的）な家族形態である双処居住核家族が少し変形したものである末子相続が西南日本に多く残っているのは、西南日本の方に起源的核家族が多く残っていることのなによりも証拠です。また、速水融氏が宗門人別帳から復元した家族を類型化してみると、西に行けば行くほど核家族が多くなります。そして、核家族が多いということは、西南日本は、直系家族の多い北東日本のような人口減少には見舞われないことを意味します。事実、西南日本は江戸後期には人口増加に転じることになるのです。

？5 幕末の動乱が西南の地方から始まったのはなぜ？

■幕末動乱の発火点は西南部の古い家族

幕末の動乱の発火点は、日本の中心である江戸や京都ではなく、西南部にありました。西南部の、古い家族形態のなかにそれはあったのです。

長い武家支配の時代の間に、日本の大半は直系家族化していきましたが、西南日本には、その直系化の波にのみ込まれていない古い家族形態である双処居住型核家族のさまざまなバージョンが残っていました。いちおう、父系の原則ではありますが、直系家族のように父親に権威が与えられているわけではなく、また長男相続があらかじめ決まっているわけではない家族形態でした。

具体的な地域は、渥美半島の先端部、三重、和歌山、四国の太平洋側、鹿児島、奄美、沖縄の南西諸島といったところになります。こうした地域では、末子相続や母方同居もしばしば見られました。婚外子比率が高いことも特徴です。

周縁地域に古い家族形態が残るというのがトッドの学説（言語地理学では既知であった説の応用）の一つですが、日本の中央部から離れたこうした地域に古い形態が残っていたというのはその例証といえるでしょう。

遺伝子研究では、これらの太平洋岸の地域には熱帯地域に多い抗マラリア鎌状赤血球遺伝子の保有者が他の地域に比べると多いということなので、南の方から日本列島に流れついた人々がいたことは確かで、日本列島の双処居住型核家族のルーツもこのあたりにあるのかもしれません。

もっとも、原初的形態がそのまま残存していたというのではなく、武家社会からの直系化への強制に、無意識に抗するべく、古い形態を保持し続けたのかもしれません。あるいは、トッドの反動形成理論どおりに、母系と母方居住への傾斜が見られたということもあります。

こうした地域の次男・三男たちは、直系家族の次男・三男たちのように家から切り離されるというわけではありません。トッドは「近接居住」という言葉を使っていますが、兄弟たちがそれぞれに核家族をつくって、お互いに近い場所に住むということが多かったようです。地域内で助け合い、ともに働き合い、という暮らし方です。

お互いに近い場所に住むわけですから、人口の流出はあまりありません。安定した徳川時代二五〇年の間に、人口は流出することなく、増加を続けていました。核家族が増殖すれば、農地も住む場所も狭くなり、貧困化が進んで、人々の間にフラストレーションがたまっていきます。

どうしてこんなに暮らしにくくなったのか、生きにくいのか。日本の中央の政治のやり方に問題があるのではないか、という考えを、人々が持ち始めます。これが、幕末の動乱を導く火種となりました。

6 ヒーロー坂本龍馬が誕生したのはなぜ？

幕末日本の最大のヒーローといえば、なんといっても坂本龍馬です。

彼のような変革者が誕生した理由は、彼が「母系」のなかで育ったことにあると私は思います。

■「母系」のなかで育った龍馬

坂本龍馬（一八三六～一八六七年）は、土佐藩（現・高知県）の下級武士の家に生まれました。下級武士といっても、商家（質屋、酒造業、呉服商）も営んでおり、龍馬の子ども時代は非常に裕福だったようです。上に兄一人、姉が三人いました。

司馬遼太郎の小説『竜馬がゆく』などを読むと、龍馬の一家は、父親の影が薄いことがわかります。生母が早くに亡くなって、三姉の乙女と継母の伊与の手で育てられます。海外への関心を高めたのも、伊与の縁者の家で見た世界地図などからでした。彼が書き送る手紙はほぼすべて姉の乙女宛てです。「母系」の中で手厚く育まれた男の子なわけです。龍馬の家庭は、最初から母系だったわけではありませんが、しかし、土佐という土地は双処居住型核家族ないしは、母方居住型が比較的多く残されているアルカイックな地域であることは確かです。

ところで、母系の家族のなかでは、父親の権威は弱まります。龍馬には兄がいますから、直系家族としての相続は兄にされています。次男である龍馬は「直系家族からはじき出される次男以下」に相当するわけですが、家が裕福であったために、はじき出されることはありませんでした。江戸に遊学に出してもらえるなど、恵まれた「自由」のなかにあったわけです。

彼は幾度となく脱藩を実行します。攘夷から開国へ、思いを決めたらすっぱりと行動方針を切り替えます。武芸・文芸、オランダ語から拳銃の扱い方まで、新しい学びに貪欲です。こうした生き方は、既存の権威（家、組織、国家）に縛られている直系家族日本人からは出てこないものです。

そして、一人だけで行動するのではなく、自分と同じ志を持つ同世代の青年たちとの「横の連帯」を得て、力を強めていきます。「横の連帯」とは、その原理は兄弟姉妹の核家族が共住するという、これまたかなりアルカイックな形態ですが、そうした「横の連帯」は友人や同志との連帯に転化されやすいものなのです。こうしてできたのが海援隊です。

7 海援隊や新選組が誕生したのはなぜ？

坂本龍馬が長崎で組織した亀山社中、後の海援隊のような青年グループは、幕末の西南日本には数多くありました。

そこに集まった者たちの出自はどうだったでしょうか。

すべてが「排除された次男・三男たち」だったわけではありません。坂本龍馬はたしかに次男坊でしたが、後に幕末の志士として名を残す人たち、例えば、長州（山口県）で奇兵隊を率いた高杉晋作は武家の長男、龍馬の盟友として陸援隊を結成した中岡慎太郎は土佐の庄屋の長男でした。薩摩（鹿児島県）の西郷隆盛などは、七代続く武家の長男です。

■兄弟の序列化に厳密でない家族

重要なのは、彼らの育った西南日本に、直系家族社会に吸収されきってはいない「起源的核家族」の暮らしが残っていたことだと私は思っています。

この、より古い核家族形態では、兄弟の序列化はさほど厳密ではありません。兄弟、あるいは同世代、同志向の人間どうしの、「横の連帯」意識が強くなります。権威主義的でない、「平等」意識を持った集団が生まれる素地はあったのです。脱藩を繰り返した浪人であるはずの龍馬が、武士も一般庶民も混在する海援隊のような集団を形成できるなどというのは、本来の直系家族的な社会では考えられないことです。

海援隊は、出発点は海運会社であり貿易商社でしたが、営利事業だけでなく、藩政への協力も積極的に行ない、武芸や学問で切磋琢磨し合うことを旨としていました。自活自営を目指す「共住集団」だったと言えます。リーダーははじめから決まっているわけではなく、メンバー互選というやり方を採ります。必然的に、そのなかの知的に優れた者でないとなれません。ある意味、非常にデモクラティックなのです。

藩においては、こうした集団をどのように治めていくかという課題もあったと司馬遼太郎は指摘しています。亀山社中は薩摩藩の支援を受け、薩長同盟の橋渡しを担いました。海援隊には土佐藩の後援があり、高杉の奇兵隊は長州藩の公認部隊の一つでした。

そうして、同じ志を育み合い、学び合い、議論を戦わせる共住集団が、しだいに「革命集団」となっていき、明治維新を導くわけです。

■「権威」と「不平等」の原理にがんじがらめの新選組

では、同じような青年グループでも、東の、江戸および京都に拠点を置いた新選組はどうだったのでしょう。

これは、アナロジーをはたらかせれば、多摩地区の暴走族集団と見ることができます(新選組の最初の拠点は多摩地区の日野)。中世における暴力的な武士集団などと同じです。

東の青年たちは直系家族出身ですから、「権威」と「不平等」の原理にがんじがらめになっています。はみ出して集まっても、横にゆるく連帯して協働していくという考えにはなりません。いざ組織をつくるとなると、自分たちを排除したはずの、あるいは、自分たちが意識的に飛び出してきたはずの、直系家族に似たタテ型の統制をつくってしまいます。新選組の局長、副長、組長、伍長、平隊士というピラミッド型構造は、皮肉なことに直系家族的です。リーダーの近藤勇は、兄貴、同志というよりは父親的なタイプでした。

新選組はまた、隊長の近藤勇には権威を、副長の土方歳三には権力を、という二重権力構造を特徴としていましたが、これもまた直系家族そのものといえる特徴でした。直系家族の権威主義は、組織の維持には最も適していたのです。

西の「革命集団」に対して、東の新選組が、当時の権力者＝幕府の側に立つ「反革命集団」であったのは象徴的かもしれません。いいかえれば、これは、「起源的核家族」対「直系家族」という対立の構図です。

8 明治政府が天皇を頂点に置いたのはなぜ？

■統率された組織づくりに向いている直系家族

明治維新という革命を担ったのは、西南日本出身の青年たちでした。古い核家族形態を含む地域で育ち、直系家族特有の権威主義からは距離を置いた者たちが主力でした。お互い「平等」な、同じ志を持った者としてともに戦ってきたはずなのです。トップを置かず、ゆるい連合を組んで政務にあたるということもできたはずなのです。ところが、革命の同志は、いったん政権を握ると、その政治組織の頂点に「天皇」を置きました。

なぜなのでしょうか。

国家を統一し、政治を長く安定させていくためには、よく統率された組織が必要となる、と彼らは考えたのでしょう。そのためには、直系家族的なタテ一本の構造をつくり、その頂点に、権威ある父親的な存在を置かなければならない、と考えたのです。核家族的な出自の「横の連帯」の青年たちがつくった国家形態が直系家族的だったとはまことに皮肉ですが、それだけ直系家族というものは「観念」として彼らの無意識を捉えていたのかもしれません。維新直後には、雄藩連合（薩長土肥出身の同志たちによる合議）という政治体制も構想されたようですが、結局採用されませんでした。

では、直系家族の権威ある父親的な存在とはどこにいるのか。

自分たち仲間のなかにはいない。維新前まで自分たちが仕えていた藩主（薩摩藩なら島津久光）たちからは選べない。藩主たちはみな同等であって、一人だけ特別な存在にはなりえません。本来ならば、将軍の傍系である水戸藩系の藩主が選ばれてもおかしくはない理屈ですが、その水戸藩出身の一橋家の当主一橋慶喜が将軍になって自分たちと敵対していたのですから、この選択はあり得ませんでした。もし歴史にイフをかけて、一橋慶喜が渋沢栄一の進言を容れて将軍職を受諾しなかったなら、あるいは直系家族的新政権のトップには一橋慶喜がなっていた可能性も十分あるのです。

■呼び出された「天皇」

かくて、日本には古代から万世一系、タテ一本で血統がつながっているあの方ということで、「天皇」が呼び出されたわけです。

実際の天皇家は純粋にタテ一本の直系ではありません。長男が必ず皇位を継承したわけでもありません。弟や皇后が継いだこともあるのです。しかし、そのことは重要ではないのです。実際の政治的手腕や権力者としてのオーラも必要ではありません。

国家と国民を統べるための、重みのある権威の「象徴」が必要だったのです。徳川時代とはまったく違う新しい政権をスタートさせ維持していくにあたって、徳川時代よりもさらに太古からずっと存在し続けている権威を招喚してきたわけなのです。あるいは、直系家族国ニッポンの家長ということで、将軍との連想から天皇が招喚されたのかもしれません。

こうして、天皇が直系家族ニッポンの家長となったわけですが、しかし、そうなると一つ困ったことが生じたのです。

それは直系家族における権威と権力の分離という原則にかかわることです。

■「権威の人」西郷隆盛と「権力の人」大久保利通

直系家族として成立した明治政府において、権威は天皇しかありません。では、権力はどこにあったのかといえば、それは参議となった西郷隆盛のはずです。ところが、西郷隆盛、とりわけ維新後の西郷隆盛は「権力の人」というよりも「権威の人」となってしまい、権力は大久保利通が握ってしまいました。つまり、権威と権力の二重構造の直系家族的組織において、「権威」に相当する存在が天皇と西郷隆盛という具合に二人も生まれてしまったわけです。これは大久保にとってははなはだ都合の悪いことでした。というのも、反明治政府的な武士たちがいつ、西郷隆盛を「権威」にかついで反乱に出るかもしれません。

そうしているうちに、明治六年に征韓論が起こって、西郷隆盛は下野して鹿児島に引っ込んでしまいます。すると、今度は正々堂々と西郷隆盛を「権威」に担ごうとする人たちが現れて、結局、西南戦争となってしまったのです。

ですから、明治政府を直系家族的なものにした張本人は大久保ということになるのですが、おそらく、同じ薩摩藩でも、大久保は直系家族的な環境に育った人で、革命運動を経たあとでは、こうした直系家族的な無意識が表面に出てきたのではないかと思われます。

げに恐ろしきは直系家族という「宿命」です。

9 二・二六事件が起こったのはなぜ？

明治維新は、西南日本の起源的核家族に蓄積されていた不満と反抗のエネルギーが、日本の中枢で居座り続けていた幕府という直系家族の権威を打倒した革命でした。

では、昭和初期から連続して起きたいくつもの軍部のクーデター未遂、政財界・軍部要人の暗殺事件、そして最終的に二・二六事件に至る「昭和維新」の担い手は誰だったのか。今回も西南日本出身のあぶれ者たちだったのでしょうか？

■西南日本出身が多い皇道派将校

まず、指摘しておかなければならないのは、近代日本において一九〇〇（明治三三）年前後が、合算出生率が最も高くなり、ここからユース・バルジが生じてきたことです。そのため、一九〇〇年世代が社会の中核となる一九三〇年前後から、日本は混乱の時代を迎えます。

ところで統計をとってみると、二・二六事件参加の皇道派将校には、たしかに西南日本出身者が多いことがわかります。しかし、これを単純に、それでは明治維新と同じ「起源的核家族」対「直系家族」という対立の構図かというと、そう簡単にはいきません。というのも、明治維新から六〇年経過した昭和元年頃には、少なくとも理念的には直系家族は江戸時代よりもはるかに深く日本の隅々にまで浸透していたと考えられるからです。そのため、起源的核家族のヴァリエーションが多かった西南日本でも直系化が進んでいました。

しかし、直系化が進んでいたとはいえ、基層には起源的核家族が強く残る西南日本では、直系化イコール少子化とはならず、直系家族における多産という現象が生じてきていたのです。

その結果、維新期よりもはるかに高い確率で、家からはじき出される次男・三男が増えてきます。しかも、直系家族の歴史が長い北東日本とちがって、西南日本には、婿養子という制度が定着していませんでした。

そのために、どうしても故郷に残ることができずに、大都会に流れていかざるをえない次男・三男が増加したのです。

■「はじき出された者たち」の活躍

昭和維新を引っ張っていったのは、こうした「直系家族社会・日本からはじき出されたユース・バルジ世代の若者たち」だったのです。近代化、資本主義化の過程にある直系家族社会に、受け容れられなかった者たちでした。

明治維新後、日本の社会は再び直系化の道を歩み始めました。そのなかで苦悩し、もがく人々の心性は、文学のなかにも描かれています。

昭和元年（一九二六年）を一つの基点と考えると、明治維新からすでに六〇年、半世紀以上が経っています。明治以降の「直系家族社会からはじき出された者たち」も二代目・三代目が社会の中核になっています。

この間に日本は工業化・商業化、すなわち資本主義化が進みました。地方では依然として農業主体ではありますが、そこから「はじき出された者たち」も会社員、工員、店員、役人、軍人といった賃仕事に就けるようになり、都市に住み始めます。家庭を持ち、子どもができると、財産を移譲しなければなりません。しかし、それはもはや農地ではないのです。

農地に代わるものは、金銭金券や、ポスト（役職）など権益になります。しかし、人口が増え、都市集中が進んだ社会ではこうした権益にも限界があります。農業社会において、農地がいっぱいになって長子相続、直系化が進んだように、ここでも権益にあずかれずに「はじき出される者たち」が生まれます。

直系社会中の直系社会、とでもいうべき軍隊という組織では、そうした状況が顕著でした。

■「遅れてきた次男・三男たち」

昭和初期、軍隊内部では首脳部の方針への不満が噴出しますが、それは薩長出身者によって重要なポストが独占されていることへの不満でした。有名なバーデン・バーデンの誓いはこのような状況下で結ばれたのであり、構造的には、権益に与かり損ねた「遅れてきた次男・三男たち」の反逆でした。しかし、このバーデン・バーデンの誓いのグループがそれぞれ軍隊内でしかるべきポジションに就くと、こんどは、彼らよりも「もっと遅れてきた次男・三男」がいわゆる「青年将校」となって、陸軍の中枢を担うようになったバーデン・バーデン・グループの中の統制派と対立し、真崎大将らを担いで皇道派を結成し、「昭和維新」の狼煙をあげていきます。それを後押ししたのが、直系化した一般社会から「はじき出された日本中の次男・三男たち」の思いだったのだろうと私は思います。

軍部内のクーデター未遂事件、血盟団事件（一九三二年。前蔵相・井上準之助、三井財閥総帥・團琢磨暗殺）、永田事件（一九三五年。陸軍軍務局長・永田鉄山暗殺）といったテロ事件が相次ぎ、一九三二（昭和七）年には、海軍の青年将校たちが首相犬養毅を殺害する五・一五事件が起きます。一気に革命を成し遂げて、閉塞した状況を一変させたい、というユース・バルジの維新的心情です。そのはてに、一九三六（昭和一一）年、一五〇〇人の兵士が決起する二・二六事件が起こります。高橋是清ら五人の閣僚が殺され、ほかにも多くの死傷者を出しました。

これ以後、日本の政治は超党的な挙国一致内閣となり、戦争へ突入していきます。

10 太平洋戦争を始めたのは誰か？

二・二六事件の後、日本は戦争の時代へ入っていき、一九四一（昭和一六）年一二月八日、ついに太平洋戦争を始めることになります。

この開戦を決定したのは、はたして誰だったのでしょうか。

実は誰もいなかった、と、戦争直後に「超国家主義の論理と真理」で結論づけたのが丸山眞男でした。

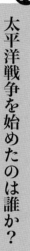

■直系家族社会の最も悪い結果

一九三一（昭和六）年、陸軍の出先機関である関東軍が独断で満洲事変を起こし、軍のトップは関東軍の言いなりに引きずられて日中戦争に発展します。

日米開戦の端緒となる一九四一年一二月八日の真珠湾攻撃に関しては、当時の首相は東條英機（陸軍相兼任）ですが、彼が奇襲作戦の立案に直接携わったわけではありません。作戦は海軍主導で行なわれており、東條は口をはさめませんでした。立案したのは海軍の連合艦隊司令長官・山本五十六で、山本の強い意志に屈する形で海軍首脳は許可を出しています。海軍大学校での図上演習で、甚大な被害が予測されていたにもかかわらず、です。もちろん、一二月一日の御前会議では、天皇と閣僚ほぼ全員の間で合意はされています。

しかし、誰が最後にゴーサインを出したかは不明なままなのです。山本長官がそう言うなら、海軍がそう言うなら、陛下も反対はしなかったから、の連鎖で、最終責任者はうやむやになっているのです。

日本が直系家族社会であることの、最も悪い結果がここに出ています。

直系家族では父親に権威があるということになっています。しかし、この権威ある父親はほとんど主体的な意志決定を行なわないのです。では、家庭における権力者である母親が意志決定をするのかというと、そういうことでもありません。長男でも長男の嫁でもありません。ヒトラー独裁のところで分析したように、だれが意志決定をしたわけでもないのに、権威者である父親の意をくんで、はやりの言葉でいえば「忖度して」、それぞれの成員がその意を実現する方向に向かって一斉に行動するのです。そして、いったん決定がなされてしまうと、自分は内心では反対しながらもその決定に従い、結局、家族全体が愚直に服従し、決定は遂行されるのです。

このような、意思決定者の不在、意志決定機関の不能という事象は、いま現在の日本でも至るところで目にすることができます。とりわけ、NEC、東芝といった大企業では、直系家族的組織の欠陥も露骨に出てしまい、最終的には意志決定者不在のまま、倒産ということになるのです。

11 どんな占領軍もしなかったのに、マッカーサーだけが行なったこととは？

■きわめて「アメリカ的な」日本国憲法

昭和二〇年（一九四五）八月一五日の玉音放送で戦争は終わり、連合国軍最高司令官マッカーサーによる日本占領が行なわれます。これはソ連による満州占領などと比べると実に平和的、民主的、紳士的な占領であり、満州からの引揚者に言わせると、こんなものは占領とは呼べないということですが、しかし、マッカーサーはこれまでどんな占領軍もやらなかったことをやったのです。

それは、戦争中から行われていた日本研究の成果を応用して、軍国日本の諸悪の根源は直系家族にありとみなして、直系家族を核家族に無理やり変更するような諸政策を実行に移したのです。

その最たるものが『日本国憲法』の前文であり、ここに謳われているのは直系家族原理を全否定し、それに代えるに核家族の原理をもってすることです。つまり、きわめてアメリカ的な核家族原理に基づく憲法が日本国憲法なのです。マッカーサーはさらに一歩進んで、直系家族原理の中核である家督相続を廃止させ、民法からも直系家族要素を一掃させせました。通説では、占領軍は憲法、刑事訴訟法に比べると民法改正には関与しなかったといわれますが、しかし、皮肉なことに民法改正においても、父親であるマッカーサーの「意志」を忖度しようという学者が多数出て、民法は完全にアメリカ的な絶対核家族的なものに変更されました。

■教育勅語を廃止し、自由主義教育へ

また、教育という直系家族的な理念が幅を聞かせていた分野でも、教育勅語を廃止し、教育基本法を始めとする教育三法により、絶対核家族的な自由主義教育にこれを変更させました。

ひとことでいえば、マッカーサーは憲法と民法と教育から直系家族理念を一掃することで、日本の家族システムを変更するという、これまでどんな占領軍もやったことのない冒険に乗り出したのです。

しかし、朝鮮戦争を巡ってトルーマンと対立したマッカーサーがＧＨＱ総司令官を解任され、昭和二七年に占領が終わると、日本のあらゆる中間団体で直系家族理念が復活

しはじめます。政治の分野では、それでも大っぴらに直系家族理念に回帰することはできませんでしたが、規制のまったくない企業と官僚組織と労働組合では直系家族理念が蘇り、日本の企業と官僚組織のほとんどは直系家族に逆戻りしました。もっとも、戦後の復興には、こうした直系家族的組織運営はジャスト・フィットしたらしく、戦前の陸軍に代わって企業と官僚組織と労働組合が日本株式会社として発展をリードしていったのです。

第五章

二一世紀
世界と日本の深層

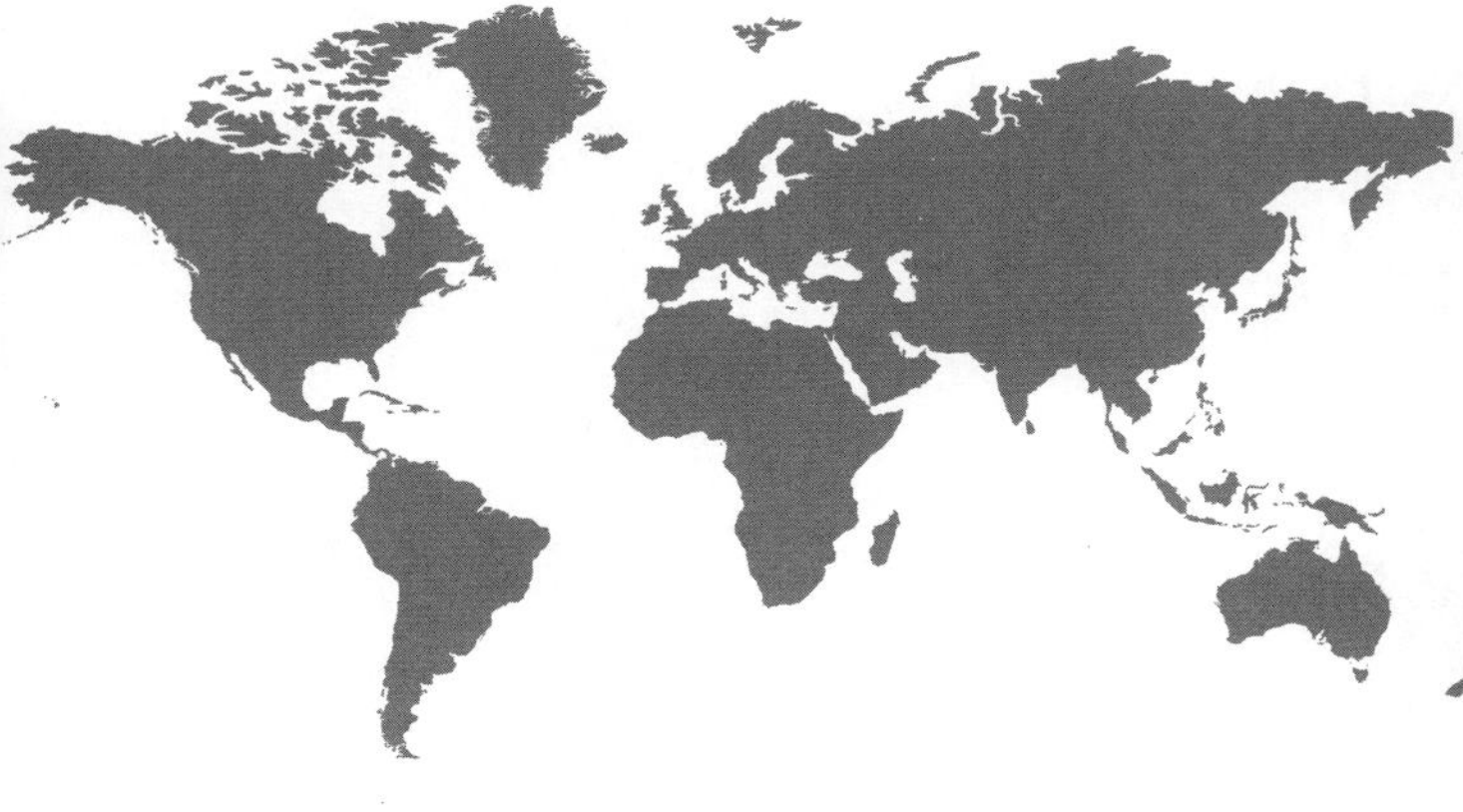

?1 二〇二三年、中国が崩壊する!?

■外婚制共同体家族の国家は必ず崩壊する

「外婚制共同体家族国家は必ずどこかの時点で崩壊する」というのが、トッドの家族類型論から導き出される結論です。外婚制共同体家族国家であるソ連の崩壊を、トッドは一九七六年の『最後の転落』で予言し、実際にソ連は一九九一年に崩壊しました。

では、八〇年代までのソ連に匹敵する共産主義大国、現在の中国はどうなのか。やはり崩壊するのか。

慎重なトッドは、断言はしていません。しかし、「カタストロフィーのシナリオも考えられる」という答えは出しています。その理由の一つは、家族類型に内在する危機です。外婚制共同体家族社会では、カリスマ的な父親が、権力者と権威者を兼ねた独裁者として君臨する一方、兄弟=国民が横並びに並んで従います。これは縦型の権威主義と、横型の平等主義を二つ合わせたものですが、この二つはうまく折り合うバランスを見つけるのが非常に難しく、常に、構造的な危機を内包しています。

その危機が顕在化するのは、権力者である「父親」の死、つまり命令系統を失って、横型の平等主義だけになるときです。スターリンの死後は、フルシチョフ、ブルガーニン、ベリヤのトロイカ（三頭政治）になりましたが、結局、それはうまく機能せず、ブレジネフの独裁となってようやく安定しました。しかし、ブレジネフ程度の独裁者では横の平等との釣り合いを取るのがむずかしく、ブレジネフの死後は混迷が続きました。次に登場したのがゴルバチョフでしたが、ゴルバチョフはたまたま民主的な人物だったので、ペレストロイカ（民主主義の導入）を図りました。しかし、外婚制共同体社会には民主主義は向いていないのです。なぜなら、民主主義だとすぐに無秩序社会になってしまうからです。

かくて、ソ連は大瓦解し、その廃墟の中からプーチンという独裁者が現れて、ようやく社会は安定を見たのです。

■家族理論からみると正しい習近平の独裁体制強化

この過程を中国に当てはめると、習近平が独裁体制を強めていることは、外婚制共同体家族の社会の原理から行くと「正しい」ことなのですね。もっともっと強烈な独裁者にならなければいけない、ということにさえなる。民主化などもってのほかなのです。

では、習近平体制が確立すれば、習近平が生きている限り、中国の未来は保証されているかといえば、そうはいかない。

というのも、中国は日本以上に人口減少という問題を抱えているからです。人口学的見地からすると、人口が減少に向かった国に未来はないというのが真実です。中国は、近い将来、急激な人口の老齢化を迎え、死亡率は上がります。社会保障をしないできていますから、貧しい老人に一気にしわ寄せがいきます。

しかも、一人っ子政策のせいで、若年人口は少なくなっています。若年人口が少ないのは、なにも一人っ子政策のせいだけではありません。現在の中国の家族形態は都市部ではかなり核家族化しています。国家形態は外婚制共同体家族ですが、実際の家族は、日本以上に核家族化しています。外婚制共同体家族は、近代化したあとには必ずそうなるのです。外婚制共同体家族は、核家族化すると、これまで負荷が強くかかってきたお嫁さんのセックス拒否権発動が強くなり、少子化に向かうのです。

また、中国では、急激な近代化による環境汚染がひどく、人の住める地域がどんどん少なくなっているということも大きな問題です。

■習近平後のシナリオを予測する

ソ連の場合は、国家の成立が一九一七年、崩壊したのが一九九一年でした。八〇年ももたなかったのです。いまの中国は一九四九年成立ですから、ソ連に重ねるなら、二〇二三年、あるいはさらに早く賞味期限が切れてしまうかもしれません。たぶん、習近平の死がそのきっかけになるでしょう。

では、避けられそうにないこの中国崩壊は、日本にとって対岸の火事なのでしょうか。それは日本自身の死活問題となってきます。

日本はいま、農産物、工業原料、衣類、パソコンから労働力まで、全般的に中国に頼っています。中国が崩壊すると日本人は間違いなく飢え、仕事にも支障をきたします。

中国の歴史をみると、中央権力が崩壊したあとは、必ず軍閥政治になっています。軍閥が割拠して内戦になる可能性があります。核を持ったままの内戦ですから、非常に危険です。むろん、難民も発生します。

日本はいまのところ、難民受け入れに関しては知らん顔をしています（一九八二年の難民認定制度導入から二〇一五年までの三三年間で、三〇一四五件の申請に対し、難民認定されたのは六六〇件）が、中国難民が発生したら最大の受け入れ国にならざるを得ないでしょう。難民は北朝鮮と韓国になだれ込んで、この二国を危機的状況に陥れます。日本海を渡って、九州や山陰、北陸にも押しかけてきます。日本は中国難民だらけのたいへんな状態になります。

そのような状況になることを日本は全力で食い止めなければなりません。中国共産党を強く支援して、国家の崩壊を防がねばならないのです。安倍首相をはじめとして、日本の右派の人たちは、中国の崩壊を内心期待しているようですが、ここはマキャベリズムをはたらかせて、中国共産党を全面支持するのが得策です。

？2 ロシアの安定はプーチンが独裁者だから？

■プーチン独裁二〇年で二倍に増えた国内総生産額

ロシアは外婚制共同体家族国家ですが、すでに指摘したように外婚制共同体家族というのは、父親の独裁的な強い権力と子である兄弟たちの横の連帯の均衡がとれているときがいちばん安定します。

いまのロシアは、プーチンという強い父親に国民が従っている状態ですから、実は安定しているのです。

スターリンという強大な独裁者が亡くなったあと、ソ連は、トロイカ体制をとったあと、ブレジネフ体制で安定したように見えましたが、実際には独裁が弱かったらしく、一九九一年にはソ連は崩壊してしまいます。その後しばらくして政権中枢を握ったプーチンはようやく独裁権力を確立してすでに二〇年近くこの国を引っ張ってきています。

この間に、ロシアの国内総生産額は二倍に増えました。乳児死亡率が下がり、出生率は上がって、人口も増加しています。軍事面、外交面でプーチンが時に強気に出るのも自信のあらわれと言っていいでしょう。プーチンはよくやっている、信頼して付き従っていってよい「父親」であるとロシア国民が感じているのは間違いありません。

民主主義的な観点からすれば、決してよいこととは見えません。プーチンのような独裁者がいると、これはよろしくないというので欧米諸国はつぶそうとしますが、はっきり言ってそれは余計なお世話なのです。

したがって、安倍首相がプーチンと仲良くやっていこうとしているのは決して悪いことではないのです。

ただし、プーチンの死後、ロシアはかならず、「もう一度、瓦解」しますから、そうした将来をしっかりと念頭において外交戦術を採っていかなければなりません。

③ EUにとっての移民問題とは？

■移民受け入れに向いている国、いない国

アメリカのところで論じるように、移民には受け入れ国の家族類型の絶対性という法則があります。つまり、移民する側よりも移民を受け入れる側の家族類型が問題であるということになります。

ところで、移民の受け入れ国となりうる可能性のある国の家族類型は、絶対核家族（米英、デンマーク、オランダ、オーストラリア、ニュージーランド）、平等主義核家族（フランス、スペイン、ポルトガル、イタリアの一部）、直系家族（ドイツ、オーストリア、スイス、スウェーデン、ノルウェイ、チェコ）、それに将来のことですが外婚制共同体家族（ロシア、中国、ユーゴ）と四つあります。

このなかで、原理的にいえば、移民受け入れに最も「向いている」のは、外婚制共同体家族の国です。なぜなら、この類型は帝国の原理ですから、移民族を一視同仁するこ

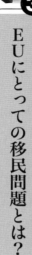

とができるからです。ただし、経済の問題から移民は差し当たり、この家族類型の国には向かっていません。

次に向いているのは平等主義核家族の国です。兄弟への平等は移民への平等へと容易に転化しますから、移民はすぐに受け入れ国の国民として統合されるのです。フランスの前大統領サルコジ、元首相のマニュエル・ヴァルスなどフランスには移民の政治家が多数存在しますが、だれも当たり前のことと感じていて何の違和感もありません。いずれ、アラブ系、アフリカ系の大統領、首相も誕生するでしょう。閣僚ならいままでも何人かいます。

❓4 EUは二つに分けるべきなのか？

■「北部連合」と「南部連合」

EUがいま、うまく機能していないことは誰の目から見ても明らかです。

その解決策として、EU内では、直系家族地域と平等主義核家族地域とで、EUを二つに分けるべきだという案が持ち上がっています。北部と南部に割ってしまうというのです。

「北部連合」は、スウェーデン、ノルウェイやベルギー、ドイツ、このあたりは直系家族同士なので、絶対核家族のオランダとデンマークを入れたとしても、けっこううまくいくかもしれません。

もっとも、いまはドイツに難民が入ってしまったので、これが大きな難関になります。直系家族はもともと排除原理を持っています。「難民は自由に来てくれて、労働力となってくれていいけれども、ドイツ人には絶対になれないからそのつもりで」というのがドイツの本音です。しかし、ドイツ国内にもう一つイスラム系の難民国家ができるわけですから、これはかなりの問題となるでしょう。もともとのドイツ国民と難民とが共存するのは不可能とはいわぬまでも困難なことです。直系家族国家として統一感のあるドイツ、ではなくなるかもしれません。

「南部連合」は、ギリシャ、イタリア、スペイン、ポルトガルといった平等主義核家族ないしは外婚制共同体家族の国々です。ギリシャは破綻をいまだ引きずり、イタリアはこれからかなりあぶなくなっていくと思われます。フランスとスペインも順調ではありません。EUではこうした国々の負債を「北部連合」の国々が支えているわけですが、いずれ、北の国々はそんなの嫌だと言い出し、ブレグジットに準ずるような形で「北部連合」を結成する可能性は高いでしょう。

■EU分散・分解の二〇年が始まる

その際、フランスが北部連合に入るか、南部連合に入るかが問題となります。南部連合の盟主になってやる気があるのかどうか。貧乏な仲間といっしょにやっていけるのか。フランス自体が北と南に分かれることも考えられますが、しかし、フランスという国は、ドーナツのように、フランス北部のアルザス・ロレーヌと南仏が直系家族地域ですから、分離は不可能で、どっちについたとしても不満は残ることになります。

フランスが南部連合に入った場合は、貧乏な仲間たちをすべて面倒をみなくてはなりません。北部連合に加わると、フランスはいちばんの貧乏国になります。どちらを選ぶか。南部連合に北アフリカの諸国も入れて「地中海連合」をつくるという手はあります。宵越しの金は持たない連合、の趣ですけれども。

いずれにせよ、北部連合と南部連合に分かれたほうが、ヨーロッパは比較的うまくいくと思います。トッドも「ヨーロッパの今後二〇年間はEUの分散・分解の歴史になる」と言っています（TBS「NEWS23」二〇一六年二月一日）。

ただし、大英帝国やフランス王国の歴史を見ればわかるように、大発展は直系家族と核家族がうまく結合した場合に多く見られます。ですから、北と南でEUが分かれると、安定はするでしょうが発展はなくなるかもしれません。

5 アメリカの平等主義は見せかけか？

■アメリカ合衆国はサラダボウル社会

アメリカ合衆国はメルティング・ポット、つまり、どこからきた移民も融け合っている国といわれることがありますが、実際はちがいます。融け合っているのではなくて、サラダの具として、ルーツの異なる移民たちが混ざり合っているサラダボウル社会です。

トランプ大統領の登場は、アメリカがそうした社会であることをあらためて知らしめてくれました。

アメリカに最初に大規模な移民をしてきたのはイングランドからの人々ですが、このときから彼らの絶対核家族の原理がアメリカに強く根付きました。絶対核家族は、もともと平等意識が希薄です。にもかかわらず、合衆国憲法においては、平等というものを理想主義的に掲げました。「あなたと私はちがう。融け合うことはない」という考え方は実際には存続したままでした。

どんな移民も平等に受け入れる、というタテマエをアメリカは通してきたのですが、イングランド系の祖先を持つ白人層の経済的な困窮がきわまり、あとから来た移民たち（とりわけ近年急増しているヒスパニック系）に「差異」を言いたて始めます。「あなたと私はちがう」というホンネをオモテに出してきたのです。そんなホンネの声を吸収し、代弁したのがトランプだというわけです。

融け合わず、混ざり合うだけというのがアメリカの実像なのです。

6 アメリカの黒人差別は終わらないのか？

■「移民」ではなく「奴隷」が意味するもの

アメリカは、さまざまな移民を、タテマエとしては「平等」に扱ってきました。しかし、黒人だけは、いまに至るまで平等に扱われたことがありません。ずっと差別されたままです。

黒人の場合は移民ではなく、建国当初から、「奴隷」としてアフリカから連れて来られた人がほとんどです。人間ではなく、労働力という「物」としての扱いが長く続いていたがゆえに、絶対核家族の原理に含まれる「差異主義」があからさまにあらわれてしまっているというわけです。

たしかに、南北戦争（一八六一〜一八六五年）のあとに、奴隷解放は行なわれました。しかし、アメリカ全土に浸透したわけではありません。工業化の進んでいたアメリカ北部においては、差別はしだいになくなっていきましたが、農業社会のままの南部においては結局、差別は撤廃されぬままでした。

六〇年代に、マーチン・ルーサー・キングらの運動があって、公民権法が成立します（一九六四年）。公民権法は、人種や宗教、性、出身国による差別を禁止する法律です。しかし、その精神は、本来はアメリカ合衆国憲法に備わっているはずのもので、わざわざ別の法律をつくるのはおかしいようなものです。それを、あえてつくらざるをえなかったくらいに、無理があったのです。それぐらいのことを強制的にしなければ、サラダの具の一つとして入れることもできなかったということでしょう。

アメリカの絶対核家族から演繹される差異主義は、合衆国憲法の平等主義と矛盾しますが、それは次のようなかたちでこれまで妥協点を見いだしてきたのです。

まず、絶対核家族のアングロ・サクソンのなかに直系家族のドイツ系移民、スウェーデン移民、それにユダヤ系移民がやってきます。最初のうちは、絶対核家族の差異主義が強く出て移民は差別の対象となります。また、移民の方でも、直系家族としてタテの継続を図ろうとする親世代の意志が強く出て、社会の中で遺物扱いをされます。しかし、学校という中間団体に通う移民の子供たちは、そこで次第に絶対核家族的価値観を身につけていき、やがては完全に絶対核家族のアメリカ人となります。ただし、この移民第二世代では、直系家族の理念に囚われた親世代との葛藤が絶えませんから、子ども世代のなかにはこの葛藤を自己表現として解決しようとする者、つまり文学者があらわれて、移民文学というものが花開きます。ドイツ系移民のヘンリー・ミラー、ユダヤ系移民のアーサー・ミラー、バーナード・マラマッド、ソウル・ベロー、フィリップ・ロス、サリンジャーなど、移民文学が盛んになるのはこの第二世代のときですが、第三世代つまり孫の代になると直系家族地帯からの移民でも完全に絶対核家族の価値観を身につけたアメリカ人になりますから、文学は生まれてこなくなるのです。

■異人種間の結婚率

以後、イタリア系移民（外婚制共同体家族）、アイルランド系移民（直系家族）、中国系移民（外婚制共同体家族）、日系移民（直系家族）というように、それぞれ最初はおおいに差別の対象となり混乱も来たしますが、最終的には彼らも同じ過程を経て、絶対核家族の価値観に忠実なアメリカ人となるのです。

これをトッドは、「移民における受け入れ側家族類型の絶対性」と呼んでいます。人種の混交率、つまり異人種間の結婚率でこれを図ることができるのです。

しかし、そうなると、絶対核家族に固有だった差異主義はどうなるのでしょうか？奴隷だった黒人に対して発揮されることになります。言い換えると、次々にやってきた移民が最終的には差別の対象から抜け出してアメリカ人になることができたのは、最初からボトムに黒人がいて、差別の対象となっていたからだということになるのです。

もう一つ問題なのは、アフリカ由来の黒人の核家族には、アフリカでは今も主流の起源的核家族の原理が保存されていることです。アメリカの識字率はほぼ一〇〇％で、近代化は成し遂げられていますが、核家族というのは、子どもを早く独立させてしまいますから、原則的に教育には熱心でありません。子どもたちは高い学歴を得られず、高収入の職を選択できる道も狭められてしまいます。

というわけで、アメリカの黒人のおかれた状況は、依然として厳しいと言わざるをえません。

?7 アフリカが近代化するためのカギは？

■アフリカの「母系」が識字化を促す

世界のなかで、識字化が遅れている地域は、アフリカとアラブです。世界全体の平均識字率は八五%（男性八九%、女性八一%）ですが、アフリカ（サハラ以南）では六〇%（男性六八%、女性五二%）、アラブでは七八%（男性八六%、女性七〇%）となっています（二〇一三年ユネスコ調べ）。

このうち、識字化の進むのがより早いのはアフリカだろうというのがトッドの推論です。

なぜなら、アフリカの家族は「母系」が強いからです。

データが少な過ぎるという理由で、これまでトッドは綿密な分析や立論を、アフリカに関しては行なってきてはいません。「一夫多妻」傾向がある、という印象だけを語っていました。

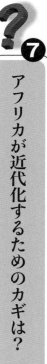

一夫多妻制というのは必然的に母系が強くなります。子どもを育てるのは母親だけですから、母子のきずなは強くなり、母親に読み書き能力があれば、熱心に教育とまではいわないまでも、知識は自然に子どもに受け継がれます。父親は複数の母子家庭を巡る客人のようなもので、母子の生活に深くかかわりはしませんから、父親が読み書きできなくてもべつによいのです。いいかえれば、母系原理に内在する教育力を強化できるなら、識字率は一気に上がる潜在的な力がアフリカにはあるわけです。

現に、黒人人口が五〇％のキューバでは一九一五年の時点で若い男性の識字率が七〇％、九〇％が黒人のジャマイカでは一九二〇年の時点で同じ水準に達しています。環境さえ整えばアフリカのテイク・オフ（近代化）は可能なのです。

ただし、アメリカの黒人と同じように、全体的には教育には不熱心な起源的核家族固有の問題がありますから、どこかで頭打ちになるのは明らかなのですが。

8 最も近代化が遅れるのはイスラム圏？

■内婚制社会が与える影響

アラブの近代化が世界で最も遅れている理由の一つは、この地域の家族形態が「内婚制共同体家族」であることです。

ロシアや中国も共同体家族国家ですが、それらの国々は「外婚制」共同体家族でした。外婚制とは、自分が所属する親族集団の外部から女性を求めるもので、トッドのほかの三類型もみな外婚制です。私たちが現在の日本で普通に知っている結婚です。

「内婚制」とは、親族内から伴侶を選ぶ婚姻。地域や民族によってさまざまな慣習や規制がありますが、おおざっぱにいうと「イトコと結婚する」というものです。

内婚制共同体家族の地域は、サウジアラビア、イエメン、イラク、シリアなど中東・アラブのイスラム圏が中心。イスラム教が普及する七世紀以前からこの地域では内婚制が一般的だったようです。伝統的な家族形態にイスラム教の教義がフィットしたということでしょう。砂漠の遊牧民ベドウィンなどがこの形態を古来とっており、中央アジアの遊牧民から伝播したとする説もあります。

内婚制は親族結婚ですから、夫婦はお互い顔見知りで幼時の記憶も共有しています。親戚縁者に囲まれていますから、生活空間は閉じてはいるもののあたたかみはあります。外婚制共同体家族のお嫁さんのようなストレスはかかりません。

結婚相手はほぼイトコ限定ですから、親の選択肢は少なくなり、父系ですが、父親の権威は弱められています。そのぶん、兄弟の連帯は強くなり、協力して一族を運営し、事業を経営し、利益を分配することになります。

■アラブ女性の春

問題は、そうした親族一体の体制が国家運営にまで反映されてしまうことで、サウジアラビアのように、政治・経済・軍事をすべてサウド家が握るというようなことになります。内婚制共同体家族の閉鎖性が裏目に出た形です。

女性については、さらに、「イスラム教の教義」も相まって、就学制限、外出時の服装制限、早婚（イスラム法学では九歳から）などが依然として行なわれています。

内婚制をとっている国では、女性の識字率が上がり、学歴がつくというのは、女性が内婚制の共同体から出ていくことを意味します。内婚制では、あらかじめ結婚する相手が決まっていますから、女性が出ていってしまうと婚約者とされていた男性は困るわけです。社会全体にも影響が出て、反発は強烈になります。

インターネットの普及で、国外との発信受信ができるようになったから、イスラム圏の女性も啓蒙されていくのではないかと思われるかもしれません。しかし、実際の地域社会のなかで機能している家族形態の影響力には対抗できません。個人個人の知的覚醒だけでは社会は変わらないのです。一定数以上の女性が、知識と思想を共有したときにこそ、アラブ女性の春はやってくるのです。

?9 フランスでイスラム系テロが頻発するのはなぜ？

フランスでなぜイスラム系のテロが頻発するのかという問題ですが、それは次のように説明できます。

■「イスラム・スカーフ」事件

フランスは平等主義核家族のうち、最も統合原理の強い国です。それは共和国憲法の第一条に「フランスは一にして不可分なライック（脱宗教的）で民主主義的な共和国である」と明記されていることから明らかです。つまり、フランスは宗教や出身国籍による中間団体的なものは認めず、ただフランス人という一点だけで統合を図ろうとするきわめて統合圧力の強い国なのです。もちろん個人としてはどんなことを主張しても民族的、宗教的にふるまっても構いませんが、それを公共の場で主張してはいけないことになっているのです。学校にイスラム・スカーフを着用してきたイスラム系女生徒からスカーフを取り上げたという「イスラム・スカーフ」事件はこうした共和国原理から導きだされています。

しかし、それくらいならまだいいのですが、問題は統合原理が婚姻にまでおよぶことです。思い出してください。イスラム圏は内婚制だったことを。つまり、イスラムの青年は、もし、イスラムの女性が一人、非イスラム系の男性と結婚してコミュニティを去れば、結婚相手がいなくなることを意味します。こうした「女性を奪われる」という恐怖と恨みは思いのほか強いものなのです。

そのため、現在、フランスではイスラム系の住民は遺物扱いされて、社会問題となっていますが、しかし、平等主義核家族は最終的には統合の方向に働きますから、イスラム移民でも第三世代、第四世代となるに従って全員フランス人となっていくことでしょう。というわけで、将来においてフランスでは移民問題は深化しないというのがトッドの予測ですし、私もそう思います。

移民が深刻な問題となりうるのはむしろドイツ、オーストリア、スェーデン、ノルウェイ、それに日本、韓国といった直系家族の国なのです。

10 日本の核武装の可能性は？

■独裁者が生まれないアメリカ

トランプが、スターリンのような独裁者になるのではと心配している人もいるようですが、それはありえません。アメリカの政治のしくみは、独裁者が生まれないようにつくられているからです。

アメリカの憲法では、大統領は外交に関してはオールマイティで、独断で開戦できますが、立法に関してはほとんど無力な存在として設定されています。

大統領には法案提出権がありません。大統領教書というものがありますが、あれは、大統領が、こういう法律をつくってください、予算を組んでくださいと議会にお願いするものに過ぎません。大統領は、議会が可決した法律の拒否権は持っていますが、これも、両院が三分の二以上の多数で再可決すれば、成立してしまうのです。

貿易に関しては、たしかに、大きく保護主義に転じる可能性はあると思います。

ですが、保護主義がアメリカ国民にとって損か得かというと、明らかに損だと私は思います。なぜなら、輸入品目の価格は全部上がり、ほぼすべて輸入している部品に関税をかけてしまったら、末端価格に反映されて生活費はどんどん高くなるからです。

■日本の核武装とトランプ政権

ところで、トッドは、「何度も侵略されてきたフランスは、地政学的に危うい立場を解決するために核を持った。東アジアが安定するから、日本も核を持て」と主張しています（朝日新聞二〇〇六年一〇月三〇日）。昨年、私は、「日本が核武装をすると言ったら、トランプはやめろと言うだろう」と連載原稿に書きました。私がその原稿で予測したのは、「トランプの言うことを聞いて、日本も一旦は核武装を取りやめる。けれども、核武装なしの再軍備はお金がかかるから、国民から文句が出てやはり核武装する、原発と核武装の国になる」ということでした。もっとも、そのときは、トランプが負けそうだというので、本にするときに編集者が連載の部分を削除してしまいましたが。

日本は人口が減少して、貧乏になりますが、それに従って、経済的な武装である核武装に走る可能性を多分に秘めているのです。

11 日本会議はなぜ誕生したのか？

■日本のあらゆる組織が持つ「法則」

日本では、どんな組織だろうと、組織ができあがってしばらくするといつのまにか直系化しているという「法則」があります。

今までの繰り返しになりますが、家族類型の論理、メンタリティーというものは個人と国家の間にある中間団体、すなわち政党、軍隊、官僚組織、学校、会社、宗教団体などに保存されやすいからです。

その結果、政府や官僚組織などの直系家族理念と戦うはずの野党やマスコミ、それに労働組合、革命組織、左翼団体もみな直系化してしまうのです。

例えば、共同体家族社会のロシア（ソ連）で生まれた共産党には、「細胞」という名の組織単位がありました。工場細胞、農村細胞、街頭細胞などと呼ばれ、地域や職場の隅々にまで指導命令のネットワークが張り巡らされていたわけです。国民が一様に並んで独裁に従う共同体家族社会ならではといえます。

■日本の共産党、左翼と右翼、そして大手マスコミ

第四章でも述べたように、日本の共産党も「細胞」方式を採用しましたが、名前倒れで機能しませんでした。直系家族社会の日本では、ヨコのネットワークの伝達を受けて個人それぞれが一斉に職務を遂行とはならず、上意下達のタテの命令系統になってしまうのです。現在の共産党では、もはや「細胞」という言葉そのものも使用されていません。また、共産党とは一線を画す新左翼、極左集団においても組織構造は直系になりがちです。日本の左翼は、日本独自で発展を遂げた直系家族的左翼と呼ぶべきものです。

また、反政府を標榜する左翼マスコミも直系化を免れません。左翼的といわれた大手新聞や良心的出版社なども、その内部においては直系家族的な組織そのもののようです。

では、戦後の右翼組織は直系家族的だったのかというと、こちらは不思議なことにそうではありませんでした。というよりも、直系家族的になるほど組織化されていなかったと言ったほうが正しいかもしれません。おそらく、戦後の右翼は、戦後の暴力団を中核にしていましたが、この日本の暴力団というのはまことにパラドキシカルなことに直系家族的というよりもアルカイックな共住核家族的な組織形態なのです。それは戦後の

暴力団が西南日本を中心に組織されたものであることが関係しているかもしれません。

■日本会議という右派組織の本質

しかし、そうした、直系化を免れていた右翼も人口減少の波には逆らえず、衰退の一途を辿っています。

すると、それに代わるようにして台頭したのが日本会議という右派の組織です。

現在、日本会議をめぐってたくさんの本が出版されていますが、私にいわせれば、日本会議とは右翼でもなんでもなく、その主張は、ただ直系家族の復活、これ一点です。それ以外にはほとんど関心がないようにさえ見受けられます。

そして、この点では、戦前の北一輝や大川周明のような右翼ではなく、むしろ、頭山満の玄洋社の主張につながっているかもしれません。それは、頭山満の次のような言葉に明らかなのではないでしょうか？

「吾々が人間に生まれて、一人前になって生きて行く事ができるのはみんな吾々の親様たちの御蔭である。同じ様に日本国民が今日のやうに栄えることが出来たのは万世一系の天子様のお陰である。天子様は日本中の大親様である。日本中のものは吾々の身も心も、髪の毛一本でも天子様のものである。大切にしなければならぬ。粗末に心得てはならぬ。此の心が忠であり孝である。
西洋の道徳では自分の身体も魂も自分のものと云ふことになつて居る。だから自分の勝手にしてよろしい。自分の好きな事をしてよろしい。他人のことは構わないでよろしいと云ふことになつている。それでは人間では無い。獣とおんなじである。その通りにしたら世の中はメチャメチャである。だから法律といふものを作つてドウヤラ、コウヤラ纏まつた国を作つている。これを個人主義と云ふのだ」

お見事！　直系家族と核家族の違いをこれほどにわかりやすく解説したテクストはありません。また、日本会議の主張をこれほどまでに的確に表現したものもないのです。というわけで、日本会議の推す安倍首相が指導している我が日本国はいまや直系家族原理にまっしぐらに回帰しているのです。

放っておくと、直系家族になる！　これが日本人の宿命なのでしょうか？

⑫ 直系家族・日本の人口減少社会に未来はあるのか？

■騒乱は若年人口の膨張がないと起こらない

社会が近代化へ移行するときには必ず騒乱が起こる、というのがトッドの重要な言説の一つです。明治維新やフランス革命、ロシア革命、近年ではアラブの春などが、それにあたります。

戦後の日本でそういう時期があったとすれば、六〇年代末の「全共闘運動」がそうだったかもしれません。大学当局への異議申し立てに始まって、米軍の原子力空母寄港阻止、日米安保条約、ベトナム戦争と反対闘争が続きました。私の大学時代にほぼ重なります。

私の時代に、運動の中心を担ったのは法政、明治、中央、日大といった中堅の私立大学でした。学生は次男・三男がほとんどで、しかも、一族で初めての大学生、という人が多かったように思います。典型的な直系家族における剰余人員たちが大学に進学するようになりつつあったわけです。

当時の学生としては、自分がかかえている貧しさへの不満と、社会がひと足先に豊かになっていくことへのずれの感覚がありました。当時の学園紛争の主な要因はこれだったのだと思います。団塊の世代で人口は多いですから、運動を後押しするすそ野も広かったわけです。

こうした騒乱は、ユース・バルジ（若年人口の膨張）を伴っていないと起こりません。私の世代のように、親の財産にあずかることもできず、学歴に見合った職や地位も得られそうにないという不満を持った若者が大勢いなければ起きないのです。

日本にもいま高学歴ワーキングプアが増えて、不満は高まっているといいますが、若年人口は減少しています。ユース・バルジを伴わない不満の高まりだけでは、革命は起きないのです。

それに対して、今後、深刻な問題になっていくと思われるのは、直系家族社会に内在する少子化の問題と、それを解決するために導入されるだろう移民の問題です。

直系家族というのは、イエの跡を継いでくれる長男が一人いれば他はいらないのですから、乳児死亡率が減少すれば、かならず少子化します。もっとも、日本は中国や韓国のような男系原則の国ではなく、双系の国ですから、一人いればいいのは男の子でなくて女の子でもかまいません。いずれにしろイエを継続させてくれる子どもが一人いればいいのです。

もう一つ、直系家族の特徴として教育熱心というのがありますが、日本では教育にお金がかかります。そのため、複数の子供全員に十分な教育投資を行なうことができるのは富裕階級だけになります。中流以下の家庭では一人だけの子供に教育投資するのが精一杯です。そのため、本来はいいことである教育熱心がさらなる少子化を招くということになるのです。

とはいえ、日本全域が直系家族的かといえば、これまでに何度か指摘したように、北東日本はほぼ直系家族ですが、西南日本には起源的核家族の変種が数多くあります。こちらは一人の跡取りにはこだわりませんし、また教育熱心でもありません。そのため少子化の傾向を免れているのです。女性一人が生涯に生む子供の割合を示す特殊合算出生率を全国規模で見ると、北東日本よりも西南日本がかならず高く出るのはそのためなのです。とくに核家族の比率の多い沖縄、島嶼地域ではこれが高いはずなのです。

しかし、そうだとはいえ、全体的には少子化が加速するのは防ぎようもありません。そのために労働力として移民導入が不可欠になるのですが、ここでもまた受け入れ国としての直系家族的特徴が大きな問題となってくるのですが、それには同じ直系家族の国であるドイツが参考になるでしょう。

■第一国民ドイツ人、第二国民トルコ人、第三国民シリア人

ドイツは戦後、国家が西と東に分断されたこともあり、資本主義国となった西ドイツの人口も半分になってしまいました。しかし、直系家族特有の教育熱心と知識蓄積が幸いして、西ドイツは驚異の戦後復興を遂げましたが、そうなると労働力が決定的に不足となりました。そこで、第一次大戦の同盟国でもあったトルコから労働力として移民を受け入れたのですが、直系家族の差異主義がもろに出て、トルコ系移民は、ドイツ人国民として統合されぬまま、移民コミュニティーを形成し、いわば第二国民として不満をかかえながらも今日までやってきたのです。しかし、ここにきてアラブの危機によるシリア系移民が大量に流入しました。

彼らは今度も、ドイツ人とは交わらずにトルコ系移民と同じ運命を辿るでしょう。そして新たな問題を生むはずです。それは、トルコ系移民のなかにもドイツ人の直系家族的差異主義が浸透していますから、今度はトルコ系移民がシリア系移民を差別するという三段階の差別構造が生まれるということです。第一国民ドイツ人、第二国民トルコ人、第三国民シリア人という差異構造です。たしかに、移民で労働力の問題は解決されるか

もしれませんが、しかし、国民の統合ということに関してはきわめて難しい問題をかかえ込んだわけで、いつ何時、直系家族特有の人種隔離政策が浮上してくるかわからないのです。

■日本がこれから選ぶべき道

では、同じ直系家族の日本はどうすればいいのでしょうか？

あまり希望的なことはいえないかもしれませんが、一つだけヒントとなりうることはあります。それは日本はドイツと違って一元的な直系家族の国ではないことです。西南日本には起源的核家族のさまざまなバージョンが点在していて、かなりの変化要因となっています。

これがヒントとなります。つまり日本列島は直系家族プラス起源的核家族の連合体なのですから、起源的核家族の移民だったら統合は不可能ではないということです。では、起源的核家族とは具体的にどこの国民でしょうか？　フィリピン、インドネシア、マレーシア、タイ、ミャンマーなど要するに東南アジアの国々です。

つまり、これらの国からの移民だとしたら、ドイツなどよりは統合可能ではないかということです。

しかし、ここに大きな問題があります。それはこれら東南アジアの国ではすでに女性識字率が五〇パーセントを超えて「幼年期」を脱し、テイク・オフを完了させていますから、これからはあまり人口が増えずに、むしろ少子化に向かいます。そのため、日本がいくら移民招致を打ち出しても移民してくれないという事態が予想されるのです。

第六章

これからの時代を生き抜く方法

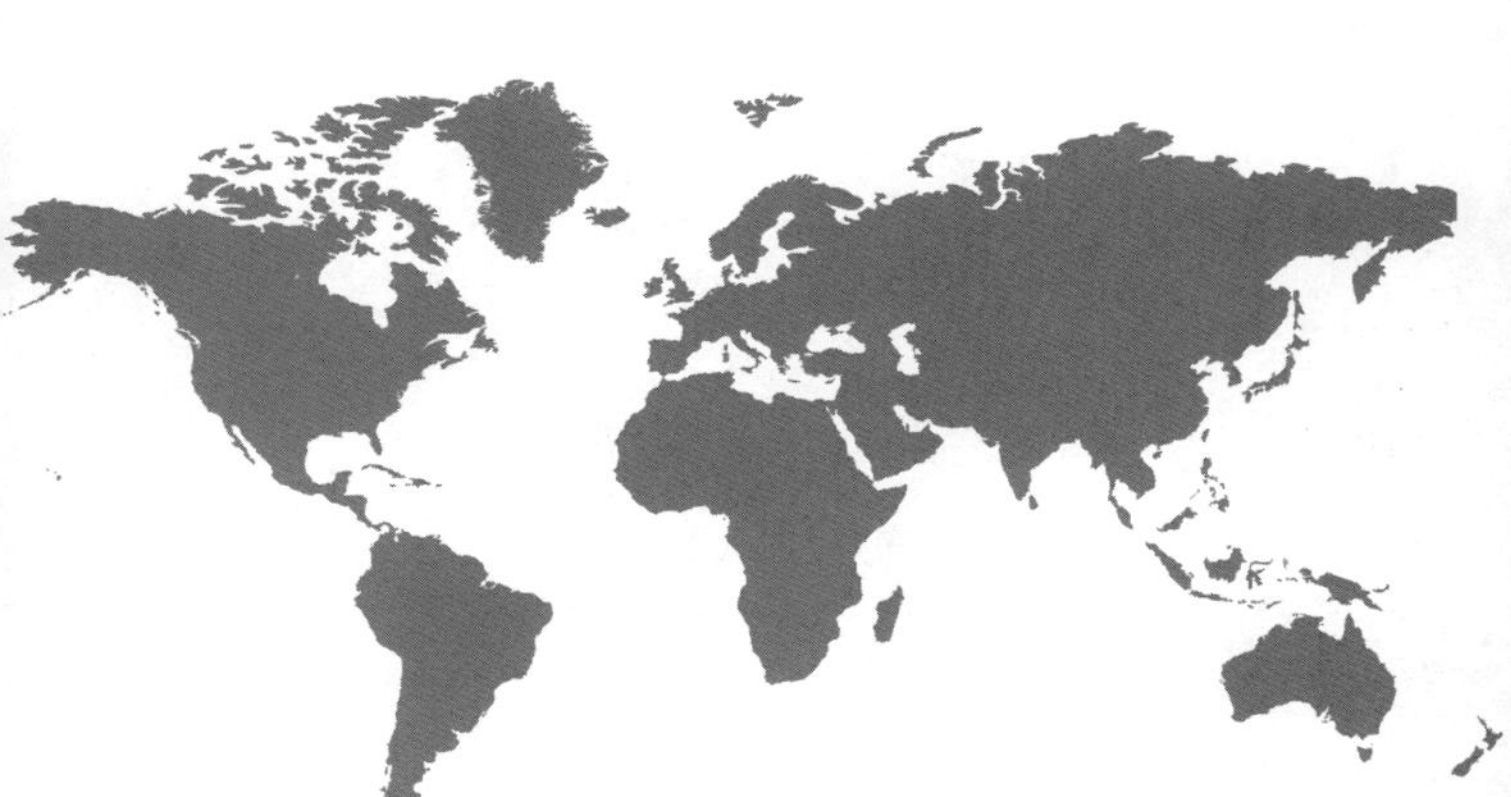

現代日本の新たな葛藤

■時代の無意識＝母と娘の葛藤

私は、ある新聞で、一年間文芸時評を担当していたことがあります。毎月毎月、すべての文芸雑誌に目を通し、掲載されている新しい小説を漏らさず読んでいくのです。それは、時間のかかる非常に苦しい仕事でした。

九〇％の作品はつまらないといってさしつかえありません。どれもこれも似たようなテーマの、途中で放り出したくなるような小説がほとんどでした。

しかし、このような作業にも、意味がないわけではありませんでした。退屈な小説を大量に読んでいくと、そこから、時代の「無意識」のようなものが浮かび上がってくるのです。

その一年間で私が発見した「無意識」とは「母と娘の葛藤」というものでした。

文学とは、ある意味、葛藤を描くものです。シェイクスピアの戯曲は、イングランドの絶対核家族社会を背景に、兄弟間の葛藤を描いたものでした。島崎藤村や志賀直哉は、直系家族のなかでもがき、脱出しようとする青年を主人公にしました。戦後になると、家族間の葛藤はやや希薄になってきますが、安岡章太郎のように母と息子の葛藤を描いた人もいました。しかし、それからさらに三〇年経つと、父と息子、母と息子の葛藤はすっかり消失し、代わって、「母と娘」の葛藤がオモテに出てきたというわけです。日本的直系家族の最後の名残りかもしれません。

この母と娘の葛藤をテーマとする傑作の一つが篠田節子の『長女たち』です。

欧米的な核家族なら、母と娘は、結婚や就職などでいったん切れたら、あとは友達よりは多少深い程度の関係になります。しかし、日本には直系家族の伝統が残っていますし、一人なり二人なりしか子供がいないという状況になると、本来ならそうしたものから逃れていたはずの「娘」が、直系の家族を背負っていかなければならなくなったのです。

直系家族が崩れて、核家族化していく――直系家族の最後のあえぎを描いたのが『長女たち』なのです。そして、文芸雑誌にはこうした家族の物語があふれています。

この意味では、文芸雑誌こそが、日本の社会学の金城湯池となるべきなのです。

下流スパイラルはなぜ起こるのか？

■核家族化が進むと教育レベルは下がる

日本は直系家族、ではありますが、都市部においては核家族化が進んでいます。もともと、日本は上から下まで直系家族ではなく、西南日本には起源的核家族のさまざまなバージョンが残存していましたし、基層にはいまだに核家族が強く残っていますから、核家族化は押しとどめようのない現象なのです。

社会というのは、例外なく、上層部から直系化します。財産がたくさんある人たちは分割したがらないから、直系化する。下の人は財産がほとんどないから、核家族のままです。日本は、会社や学校などの中間団体はすべて直系家族システムで出来上がっていますが、個人のレベルではかなり核家族化しています。そうなると、核家族の悪い面が非常に出やすいのです。

核家族化が進むと、教育レベルは必ず下がります。社会が下層に行けば行くほど核家族化は進んで、それは、学歴獲得に不熱心という悪循環を生みます。核家族化する↓学歴獲得に熱心でなくなる↓核家族化する↓さらに不熱心になる。核家族化の過程では、知識への欲求の減少という下流スパイラルが必ず起きるのです。

かつての日本では、北東部が直系家族オンリーで、南西部が直系四分の三＋核家族四分の一くらいの構成でした。この四分の一核家族要素が、明治維新をはじめ、いろいろな社会変革の要因になり得ていました。

■日本の矛盾が集約される大阪

しかし、核家族においては、教育不熱心で、学歴が高くならないという定理があります。したがって、収入も低くなってしまいます。親元を早く独立してしまうと、みな好き勝手にアルバイトをして、学校には行かなくなり、安い労働力として使われて、そのまま年金もないまま老齢化する可能性が高いのです。いま東北は経済レベルが低いように見えますが、むしろ西南日本のほうに、下流スパイラルに陥った人がどんどん増えていく、というわけです。そうした人たちが集まる大都市が大阪です。

人口は西南日本が大きく増えて、年収的には低い、この矛盾を日本はかかえることになりますが、大阪にはこうした核家族日本に含まれる矛盾がすべて集約されてくるでしょう。いや、すでに集約されているかもしれません。

過去の事例では、直系家族から外れて都市に流れてきた次男・三男が日本の近代化を支えました。農村社会から切れた次男・三男が都市に定住し、もう一回直系家族をつくろうとするけれども、結局うまくいかず核家族になっていく。都市型核家族ですね。

核家族をつくりつつ学歴を保持していくというのは意外と難しいわけです。直系家族地域から逃れてきた次男・三男が核家族をまず形成し、再び直系家族化を図る。それに成功すると、その一族は上層階級に上って留まるけれども、失敗して再び核家族を生んでしまうと、低学歴迷路に戻ってしまうわけです。下流定着で、核家族を何回もやるだけ、ということになってしまいます。

「学歴はもはや収入に結びつかない」に騙されるな！

■学歴にアクセスすることのマイナス点

私などは、下層中産階級の酒屋の倅ですから、酒屋になってもおかしくはなかったのです。にもかかわらず、大学へ行けたのはなぜか。べつに勉強ができたからということではないのです。

うちの親父もかなり勉強はできたようですが、世代的に、社会環境的に酒屋で終わりでした。その次の、私くらいの世代から、下層中産階級も学歴にアクセスしてよろしいという時代環境に変わってくるわけです。

なぜそのようになったのか。

トッドの家族類型論などを知ってわかったのは、「直系家族の順送り」ということが起きるからです。直系家族では外にはじかれた次男・三男が学歴にアクセスすることができて高収入を得ることが、立身出世として社会に認知されていました。その結果、それまで学歴にアクセスしなかった、より下層の人たちもアクセスを始めるのです。

学歴にアクセスすると、それまでごく狭い範囲でしか見えなかった社会が、広く見え出します。それは必ずしもよいこととは言えないのです。なぜなら、自分の近くにいた人間が全員バカに見え、遠くにあるものほど輝いて見えるという遠方指向性が生まれるからです。フランスへの憧れなどは、そうした遠方指向性の典型です。

これはこれで害をもたらすこともあるのですが、しかし、社会全体を底上げすることはたしかです。

これに対し、こうした立身出世のドリームが消滅してしまったのが、現在の日本です。というのも、少子化スパイラルが働いて、直系家族の家には次男・三男が生まれなくなっているからです。スタティックな直系家族社会において社会を変化させる唯一の要因が次男・三男でしたが、これが消えてしまって、社会はより窮屈になってきているのです。

それに対して、低収入だけれども自由があるのが西日本に多い起源的核家族をルーツに持つ人々です。彼らは下手をすると社会の底辺からはい上がれないかもしれませんが、しかし、その反面、社会を変革しうる可能性を秘めているのです。坂本龍馬のように。

ですから、核家族人間が大量に集まってくる大阪から、あるいは坂本龍馬の現代ヴァージョンが現れるかもしれません。期待しましょう。

■「学歴がない私」より「学歴がある私」

ところで、こうした核家族タイプの家庭の出身者のなかには、学歴が高収入に結びつかない以上、学校なんか行く必要がないという人がいますが、そんなことを真に受けてはいけません。

たしかに、学歴があっても高収入を得られるとは限りませんが、社会に流動性がなくなり、格差が固定しようとしているいま、学歴がなければ高収入は得られません。学歴を得たからといって高収入に結びつくわけではありませんが、学歴がなければ高収入を得る可能性は非常に低くなります。

「学歴がない私」より、「学歴がある私」のほうが、より高収入を得られる可能性が高いのは絶対的真理です。高学歴ワーキングプアになってもしかたがないから大学になんか行かない、などと短絡的に考えないでほしいものですね。

日本の唯一の問題は少子化である

■「お嫁さん」選びを家がするということ

高齢化というのは、文明化の過程においては避け難いもので、どんな社会でも必ず高齢化します。

もっと問題なのは少子化です。トッドは、日本の唯一の問題は少子化だと言っています。高齢化は、高齢者を支える若者がいれば問題ないわけです。ここのところの問題のすべては少子化にあるとするならば、やはり、すべてを握るのは女性だという結論に達します。とりあえずは、高齢化を何とかここで凌いで、一方で少子化をくいとめなければなりません。

直系家族の国・日本には、直系家族なりの解決策が必要となります。直系家族社会では、もともと、お嫁さん選びは家がするという伝統が根強く、個人でするということがありませんでした。核家族の国では、子どもは早期に放り出されて、家と切られてしまうので、サバイバルするためには相手を自分で探してカップルを組まなければいけないという前提があります。社会の仕組み、たとえばダンス・パーティーとか舞踏会などはこうして考え出されたものです。

日本の単身者は、直系家族ですから、一人暮らしでも家とつながっています。ですから、独身であるからといって、自分から求愛行動を始めることはないのです。というよりも、求愛行動が社会を成立させるための前提であるというようには認識されていないのです。直系家族の子供たちに、核家族の子どもたちをまねて、お嫁さん、お婿さんは自分で勝手に選べと言ってもそれは無理なわけです。

■婚活よりもお見合いを制度化、そして舞踏会を

ならば、直系家族の美風であった「お見合い」的なものを制度化するしかないという結論になります。お見合いを復活させる、ただし、現代的なやり方でというのが、私の考えた解決案のひとつでした。昔の人は、お見合いは嫌々ながらする。嫌だけれども、制度だからしかたがないと思っていました。大切なのは制度化されているということです。制度化されたものには何人といえども逆らえないのです。

この制度化されたものには逆らえないということをうまく利用するしかありません。

では、婚活がいいのかといえば、私はそうは思いません。というのも婚活を始めるということは、本人の意思にもとづいているからです。自由意志に頼っている限り、問題は解決しません。自由意思にもとづいて求愛行動できるのは核家族類型の人だけであって、直系家族は自由意思にもとづいて婚活をしようとしても、そのように心がつくられてはいないのです。

とはいえ、見合い制度の復活といっても、より見合い制度に見えない見合い制度のほうがよいだろうと思いました。そこで、私は舞踏会を提唱しました。

なぜ舞踏会がよいかというと、いきなり抱き合わないと踊れないというように制度が出来上がっているからです。参加した以上、その制度を受け入れるしかない。これが大切です。

■「語学の勉強に自由意思は害」でわかること

私は語学教師ですから非常によくわかりますが、語学というのは、自由意思に任せるとまったく身につきません。ひたすら強制です。自由意思ほど語学に害のあるものはないのです。日本人はこれからどんどん核家族化していきますから、英語はさらにできなくなると思います。自由意思に任せているからです。

結婚も同様で、「強制」つまり「制度」によって解決しない限り、少子化の防ぎようはないでしょう。

舞踏会がお見合いのカムフラージュだということは、参加者もむろんわかっています。しかし、舞踏会にはダンスをするという「口実」があります。対するに、婚活は目的が露骨過ぎます。これは逆効果です。なにごとも、「制度だからしかたがないからやる」ということが大切なのであって、「舞踏会だから、いきなり抱きあわなければならない。いやだけどしかたがない」というのが重要なのです。

私は一〇年ほど前に知り合いの編集者たちを集めて舞踏会を企画しました。結果はかなりの好成績でした。四〇組八〇人の参加者のなかで、未婚者は二〇組。その二〇組のうちから四組が結婚しています。信じられないほどの確率です。

ダンスは、実際に手を握る、体に触れる、という点も重要ですが、その前に、近づいたときのお互いのにおいが重要です。人間の目というのは紫外線と赤外線は見えません。鼻もそうで、人間がかつて動物だったときには、フェロモンによる誘導もあったのですが、そういう機能を狭めることで視覚を得ました。気が合う、合わないというのは、実はにおいなのかもしれません。

ただ、舞踏会の実際の運営というのはたいへんで、お金もかかるし、面倒くさいし、国や自治体で制度化してくれなければ、続けられません。もし私がどこかの女子大の学長にでもなったら、卒業舞踏会を制度化して、必ずカレシを連れてくるよう義務づけます。

日本は戦後、恋愛社会になったといわれますが、その実態はほとんど社内結婚です。会社には、社内運動会、社員旅行、そういうイベントがあったでしょう。そういう場がお見合いの場だったのです。

教育費を無料に、そして教育権を親から奪え！

女性の識字率が五〇％を超えるとその社会は近代化へ向かう。女性の識字率が人類史を左右する。トッド理論のなかの重要な一項です。しかし、同時に、女性のインテリジェンスが向上すると、出産調整がはたらいて、社会は少子化へ向かいます。

■女性が後顧の憂いなく子どもを産める社会

最善なのは、女性がインテリジェンスを上げ、しかも子どもを産むということなのですが、それを実現させるにはどうしたらよいでしょうか。それには、女性が後顧の憂いなく子どもを産める社会をつくる、これしかありません。個人が産んで、国家が育てる、です。女性が学歴を得たうえで仕事を行ない、かつ、その子どもの教育がタダになる。そういう仕組みをつくるしかないのです。

女性の高学歴化と社会進出を阻んでいるのは、子どもにお金がかかるということです。子どもにお金がかかるのは、直系家族の国の宿命です。直系家族、すなわち、差異主義の国においては、子供に高い教育を受けさせるために、親がお金を払います。高くても無理をして払う。差異主義の国で、有料の私立学校や塾が生まれるのは、そういう理由です。平等主義的な国においては、教育は無料になります。日本という直系家族の国で教育を無料にするというのは相当無理がありますが、人為的にできる選択肢はそれしかありません。

直系家族は、もともと、女性の識字率が最も高くなる家族類型です。これはメリットなのです。これを活用して、核家族化する現代の日本社会に活かしていけばよいのです。もっとも、こうしたことを、理論的に説得力を持って言うと、ほとんどの男性が感情的なバカバカしい反発をするので、厄介です。

直系家族には、「教育熱心」というよい点があります。しかし、核家族化するなかで、そのよさが失われつつあるとすれば、国家が介入して、人為的に教育制度をつくり直していく必要があります。

■親は必ずしも子どもの最もよき教師ではない

アメリカで実際に行なわれてきた実験的な対策を紹介しましょう。

底辺校が集まっている地域で、幼稚園くらいの段階の子どもに、学習意欲を向上させるようなプログラムを組んで受けさせます。学校に入るまでを家族に任せておくと、核家族特有の勉強不熱心さの影響が出てしまうので、その前の段階で、子どもを教育システムに組み込んでしまう。これがかなりの成功をおさめているのです。

日本のかつての教育理念を誤解している人が多いのですが、その理念は、親から教育権を奪うということです。親は、必ずしも子どもの最もよき教師ではない。教育に向いていない親から教育権を奪うことが必要で、義務教育の最初の設立理念も実はそれだったのです。

いまモンスターペアレンツの存在が問題になっているのは、親がむやみに学校に介入する権利を認めてしまっているからです。義務教育の原点に還るなら、親につべこべ言わせてはいけないのです。それが唯一、底辺的な、核家族化してしまった悪いスパイラルから子供を救い出す方法です。

アメリカは、前述のシステムに、二兆円ぐらい投入しています。二兆円投入しても、そこから得る将来的な利益、子どもたちがギャングや売春婦にならないことの利益のほうがはるかに大きいというわけです。わずかな金額を教育に投入することで、後の刑務所の管理・運営・新設にかかる金銭的なリスクを回避できるのです。

アメリカは、核家族がメインの社会で、教育レベルは非常に低いのです。この実験的システムは、オバマ政権以前から、すでに二〇年以上続けられていて、著しい効果をみせています。結果が出ていますから、トランプがこれを撤廃することはないと思います。

シングルマザー救済運動のすすめ

私がもし個人的に社会運動を起こすとしたら、ファンティーヌとコゼット、つまりシングルマザーと子どもを徹底的に援助するジャン・ヴァルジャン運動になると思います。シングルマザーを援助しない限り、核家族化がもたらすシングルマザーの増加という現象にも、婚外子問題にも対処できません。本来は直系家族国家であるスウェーデンなどにおいても、核家族化が進んで、婚外子はどんどん増えています。

日本のシングルマザーが直面する状況の第一は、まず住む場所がないということです。シングルマザーであるというだけで、不動産屋が相手にしてくれないことです。こういう状況をなくしていくというう具体的なところから、運動を始めなければいけません。郊外にはいま、空き家がたくさんあります。こういうものを活用していくことも考えられるわけです。

そのうえで、前述したように、シングルマザーの家庭の子どもにいかにきちんとした教育を受けさせられるかという問題を解決していくのです。シングルマザーが、自分一人で教育をしつつ、生活費を稼ぐというのは、不可能です。費用のかからないしっかりした幼稚園、学校というものが必要になってきます。

タレントさんなどは、お金があるから、シングルマザーになっても全然平気かもしれません。しかし、一般の日本の女性はそうはいきません。高学歴化したにもかかわらず、日本の女性は、それが収入に結びついていないのです。ここが解決できれば、シングルマザー化の問題は、大きな突破口が開かれるはずなのです。

二一〇〇年以後の世界
～幼年期の終焉vs資源の枯渇～

トッドの『世界の幼少期』という著作のタイトルが、アーサー・C・クラークのSF『幼年期の終わり』を下敷きにしていることはすでに述べたとおりです。クラークの小説では、宇宙からの生命体が地球人類を教育し、長い年月の後に、新しいタイプの人類が生まれたところで、地球の幼年期は終わったと言って生命体は去っていきます。

トッド理論では、地球人類の幼年期が終わるかどうかを計る指標は、女性識字率の高さと結婚年齢の高さです。この二つが上がれば、どんな社会であろうと必ず、文明のテイク・オフへ向かって進んでいくという普遍主義の理論です。

ただし、もともとの家族類型によって、そのテイク・オフのタイミングは異なります。いまのところの予測では、イスラム圏がラスト・ランナーであろうということです。テイク・オフに至る過程では、死亡率が下がり、出産調整がまだ始まらない段階で、人口の最大の増加をみます。いまのアフリカとイスラム圏はその人口増大期にあたります。

人口増大期というのは、地球のエコロジーを徹底的に破壊します。そうすると、地球の幼年期の終わりと、地球の資源枯渇と、どちらが早いかという競争になってきます。地球の空気、水、すべてのリソースが枯渇してしまうほうがひと足早く訪れる可能性が充分あるわけです。幼年期が終わらないうちに、地球そのものが終わってしまうかもしれないのです。

■競争のゴールは二一〇〇年

その競争のゴールは、二一〇〇年と言われています。二一〇〇年には地球全体の人口が縮小していくけれども、問題は、それ以前、二一〇〇年までに地球のリソースが持つかということです。

もっとも、この二一〇〇という数値は、過去の経験則から導き出したものです。いままでは、直系家族や核家族においての幼年期の終わりと人口増大の駆けっこでした。このケースでは、幼年期の終わりのほうが早く来ました。中位統計では、帳尻が合って、二一〇〇年には、ソフトランディングできるだろうと予測できます。しかし、アフリカやイスラム圏の家族類型が相手では、そうはいかないかもしれません。

人口爆発がどのように進むかは、前例がないので、幼年期の終わりよりもリソースの枯渇の方が早く来るという可能性も半分くらいはあるのです。

では、ソフトランディングがうまくいったとして、幼年期の後の、次の段階に入るとどうなるのでしょう。

日本が典型的なように、まず、暴力性は失われます。女性の識字率が五〇％を超えると、ほとんどの社会で暴力性は失われます。あぶないのは、男性識字率五〇％超から女性識字率五〇％超へ至る期間。そこにおいて人類は戦争、革命などのさまざまな暴力的行動に走ることです。

暴力性の喪失が、人類が大人になるということなのです。反面、それは、発展性を失うことでもあります。日本はすでにその段階に達しています。日本はどこをどう叩いても、暴力的なことは起こりません。左翼も右翼もおとなしい。ネットの社会では暴力的な言説が飛び交っていますが、実際の暴力には至りません。

幼年期が終わって青年期・壮年期があるのではなく、日本などは、いきなり老年期に入っているのかもしれません。そういう意味では、日本は先行ランナーなので、少子化する一国としては困ったことだけれど、人口過剰な世界への方策としては、加速型人口減少社会の応用モデルになるかもしれないのです。

あとがき

家族システムの分析にもとづくトッドの理論について、この三年ほど、勤務先の明治大学で講義や演習を行なってきました。

その話をＫＫベストセラーズの原田富美子さんにしたところ、たいへん興味を示されて、私の講義を半年間聴講されることになりました。それをもとに、ライター大須賀猛さんが筆記係となられて、インタビューが組まれ、私が追加の講義を行ないました。

そして、できあがってきた原稿に全面的に手を入れたのが本書です。

ところで、トッドに対する批判というのはある種の定型があります。

すなわち、家族類型がすでに決まっているのなら、もう動かしようがないし、人間はその家族類型から演繹される無意識に縛られているのだから、どうにも手の施しようがないではないかというものです。

しかし、私にいわせれば、それは全然違います。家族類型から導かれる無意識を頭に入れておけば、行動の範囲や選択肢は、逆に広がります。

というのも、自分を縛っているものが何であるか、その正体を突き止めることができるようになるからです。自分を縛っている無意識に気づかないのは井の中の蛙で、実は自由ではないのです。トランプ・ゲームをするときに、そのゲームのルールを知らないでする人はいません。ルールを知り、そのルールはどこから来て、どのような合理性にもとづいて生まれたかということまで考えないといけません。

家族類型という「無意識」にあるものを「意識」に浮上させることによって、私たちは「自由」を得ることができるのです。

最後になりましたが、本書の執筆を勧めてくださったばかりか、講義をもとにして構成まで考えてくださった原田さん、それに非常にわかりにくいトッドの理論に挑戦され、テクストをまとめてくださった大須賀さんにこの場を借りて、深い感謝の気持ちをお伝えしたいと思います。

鹿島　茂

二〇一七年四月一五日

【主な参考文献】

『新ヨーロッパ大全』エマニュエル・トッド著／石崎晴己・東松秀雄訳（藤原書店）

『移民の運命』エマニュエル・トッド著／東松英雄・石崎晴己訳（藤原書店）

『帝国以後』エマニュエル・トッド著／石崎晴己訳（藤原書店）

『文明の接近』エマニュエル・トッド著、ユセフ・クルバージュ著／石崎晴己訳（藤原書店）

『世界の多様性』エマニュエル・トッド著／萩野文隆訳（藤原書店）

『最後の転落』エマニュエル・トッド著／石崎晴己監訳、中野茂訳（藤原書店）

『不均衡という病』エルヴェ・ル・ブラーズ著、エマニュエル・トッド著／石崎晴己訳（藤原書店）

『トッド　自身を語る』エマニュエル・トッド著／石崎晴己編訳（藤原書店）

『ドイツ帝国が世界を破滅させる』エマニュエル・トッド著／堀茂樹訳（文春新書）

『家族システムの起源』（上・下）エマニュエル・トッド著／石崎晴己監訳（藤原書店）

『問題は英国ではない、EU なのだ』エマニュエル・トッド著／堀茂樹訳（文春新書）

『家族と人口の歴史社会学』ピーター・ラスレット他著／斎藤修編著（リブロポート）

鹿島　茂（かしま　しげる）
1949年生まれ。仏文学者・文芸評論家。東京大学大学院人文科学研究科博士課程単位取得満期退学。明治大学名誉教授。19世紀フランスの社会・小説が専門。『怪帝ナポレオン三世　第二帝政全史』『ナポレオン　フーシェ　タレーラン　情念戦争1789-1815』（講談社学術文庫）、『馬車が買いたい！』（サントリー学芸賞、白水社）、『明日は舞踏会』（中公文庫）、『思考の技術論』（平凡社）など著書多数。

ベスト新書
543

エマニュエル・トッドで読《よ》み解《と》く
世界史《せかいし》の深層《しんそう》

二〇一七年　五　月二〇日　初版第一刷発行
二〇二三年一二月二〇日　初版第四刷発行

著　者◎鹿島茂《かしましげる》
発行者◎鈴木康成
発行所◎KKベストセラーズ
東京都文京区音羽一-一五-一五
シティ音羽二階　〒112-0013
電話　03-6304-1832(編集)　03-6304-1603(営業)
https://www.bestsellers.co.jp
装幀◎フロッキングスタジオ、坂川事務所
印刷製本◎錦明印刷
DTP◎アイ・ハブ
編集協力◎大須賀 猛
校　正◎中村 進（株式会社聚珍社）
地　図◎ジェオ

ISBN 978-4-584-12543-4 C0239